감04 페인트
GARM ISSUE 04 PAINT

초판 1쇄 인쇄 2018년 2월 12일
초판 3쇄 발행 2020년 12월 7일

발행인	윤재선
편집장	심영규
책임에디터	정사은
에디터	정신오, 정경화
디자인	이경민
사진	이수연
국문감수	하명란
발행처	에잇애플㈜
출판등록	2017. 4. 14.(제2017-000078호)
주소	06032 서울특별시 강남구 도산대로25길 36 3층
전화	02-537-1536
팩스	02-537-1532
전자우편	info@8apple.kr
홈페이지	garm.8apple.kr
SNS	ⓞ garm_magazine
	ⓕ garmssi
ISBN	ISBN 979-11-961156-6-1
	ISBN 979-11-961156-5-4(세트)

8APPLE 감씨는 에잇애플에서 발행하는
건축재료 단행본 시리즈의
브랜드입니다.

GARM
Magazine
감 매거진

Prologue

공간의 진정성과 재료의 재발견

현대건축은 인류가 오랜 시간 생존을 위해 자연을 극복하며 만들어낸 '지식의 산물'이다. 작은 텐트 하나에도 자연에서 터득한 지혜와 그 한계를 극복하기 위한 지식이 층층이 쌓여 있다. SNS를 통해 유행처럼 공유되는 건축물의 소비 형태는 이러한 지혜와 지식을 정확히 전달하지 못한다. 건축의 중요한 정보는 대부분 보이지 않는 곳에 가려져 있기 때문이다.

급변하는 사회에서 건축의 역할은 빠르게 변한다. 100년을 내다보던 건축은 30년도 안 되어 철거되고 다시 지어진다. 구조적 노후 때문이 아니라 경제적 가치를 비롯한 사회적 수명이 다해서다. 고즈넉했던 동네 골목의 풍경이 매일 시끄러운 공사로 바뀌고 수익을 위한 임대 공간이 되어 내외부는 수없이 용도와 분위기를 끊임없이 바꾼다. 이렇게 사람들은 철거와 시공을 반복하며 건축을 소비한다.

이런 짧은 주기의 건축 환경에도 사람은 영원한 건축, 즉 '기억의 장소'를 꿈꾼다. 이곳은 우리의 기억 속에서 언제나 한결같은 모습으로 만날 수 있는 곳이다. 어떻게 하면 지속성을 추구하는 인간의 본능에 충실하면서 시간의 변화를 극복하는 공간을 만들 수 있을까?

그 질문의 대답은 '진정성'에서 찾을 수 있다. 그것은 물질이 아닌 태도, 바로 '시대정신'에 있다. 본질을 유지하면서 시대에 유연하게 적응해나가는 시대정신은 공간 속에도 존재해 왔다. 인류는 자연의 한계를 극복하면서 본연의 욕망을 실현하기 위해 다양한 건축기술을 발전시켜 왔다. 새로운 재료의 발견은 한 시대의 문명을 만들고 지배했다. 다양한 건축공학 기술은 재료를 기반으로 발전했고, 소재 개발과 건축 재료화라는 반복된 과정을 거치며 건축은 진화를 거듭한다.

실제로 시대마다 가치 있게 기능하는 훌륭한 건물 대부분은 건축재료를 공학적으로 잘 풀어낸 결과다. 재료 안에 쌓인 기술과 지혜는 공간의 본질을 만드는 밑거름이 되어왔고, 그 재료는 물질인 동시에 쓰임에 대한 정신, 즉 구축하고자 하는 의지인 것이다.

재료는 쓰임마다 목적이 있다. 공간의 구축 의도와 재료가 부합할 때 건축의 수명은 늘어나고 사회적 비용은 줄어든다. 반대로 공간의 의도와 재료가 조화를 이루지 못하면 건축은 기능을 상실하고 파손돼, 사회적 손실은 낳는다. 공간적 특성과 맞는 재료의 선택은 기능을 보강하면서 동시에 심미적 충족감을 선사한다. 그 선택이 적절하지 않다면 공간에 대한 거부감이 증폭된다. 공간과 목적에 충실한 재료를 탐색하고 적용하는 실현화 계획은 단순한 재료의 선택에 머무는 것이 아니라 재료의 쓰임에 대한 정신을 찾고 공간의 진정성을 만드는 과정이다.

재료의 올바른 선택은 설계 의도를 풍부하게 확장하고 그 가치를 극대화한다. 타성에 젖어 선택하는 재료가 아니라 그 속의 진정한 면모를 확인하여 당신의 공간에 재료의 생명력을 입혀야 한다.

기술의 발달을 흡수하며 탄생한 재료의 기능과 쓰임을 파악하자. 색상과 무늬같은 표면적 표현을 넘어서 당신이 누릴 공간에 다채로운 기능, 추억, 행복, 포근함 같은 시간과 감동이 쌓이게 하자. 살아가며 오랜 시간을 축적할 공간에 재료의 진정성을 입히자. 나는 이 책 속에 그 시작이 있다고 믿는다. 건축을 넘어 그 안에 감추어진 우리 자신을 발견하기 위한 이 탐구는 아마 길고 힘든 여정이 될 것이다. 그리고 당신과 함께 완주할 그 여정 이후에 탄생할 진정한 공간을 이 책과 함께 기대해본다.

2018년 2월
발행인 윤재선

Editorial Letter

진화하는 페인트

형형색색 빛나는 건축물의 파사드와 다채로운 색의 향연이 펼쳐진 인테리어. 페인트라는 단어와 함께 연상되는 이미지다. 우리는 페인트를 색altis과 동일하게 생각하지만, 건축에선 미적 기능과 동시에 표면을 보호해 피도물의 성능을 극대화하는 역할을 한다. 마치 한약의 감초처럼 금속, 목재, 시멘트의 표면에 바르는 페인트는 저렴하면서도 간편하고 효율적인 시공으로 건축과 인테리어에 빠질 수 없는 역할을 톡톡히 해왔다.

네 번째 감 매거진GARM Magazine 페인트 편에선 먼저 '페인팅painting', '라이닝lining', '코팅coating'의 개념을 정리하고 다른 건축재료와 구분한다. 석유화합물이 기능과 색을 겸비한 페인트로 만들어지는 과정과 함께 건축 곳곳에 사용되는 모습, 이를 선택하고 시공하는 현장의 목소리를 담았다.

1장에서는 페인트의 개념과 종류, 제작 과정을 알아보고 친환경 페인트에 대한 정확한 이해를 돕는다. 특히 친환경 이슈에 관한 진실을 깊이 있게 들여다볼 수 있고, 내구성과 친환경 중 하나를 선택해야 하는 제조사의 딜레마도 엿볼 수 있다. 또 페인트산업 구조의 변화도 감지할 수 있다. 대형건물 시공이 줄어들며 점차 대규모 발주가 감소하는 시장과 함께 B2C로 눈을 돌리는 제조사의 모습도 확인할 수 있다.

2장에서는 페인트의 색을 여러 모로 분석했다. 르 코르뷔지에와 리카르도 레고레타를 비롯하여 건축에서 표현의 도구로 색을 사용한 예와 함께 인지심리학에서 바라본 색과 공간의 상관관계, 주거공간에 필요한 색채 솔루션을 제안한다. 실제로 공간의 정체성을 색으로 표현한 다섯 개의 프로젝트를 소개한다.

3장에서는 페인트의 실제 사용법과 시공법에 대한 이야기를 담았다. 수많은 상황에 따른 다양한 매뉴얼을 정리하고자 노력했다. 많은 전문가의 공통된 의견은 "몇 가지 대표적인 상황과 대처법은 있지만, 절대적이지 않고 현장 상황에 따라 시공 방법과 기간, 심지어 종류까지 변경된다"는 것이다. 이런 한계에서, 주로 발생할 수 있는 상황을 정리한 뒤 제품 선택과 시공 유지보수를 40여 페이지에 걸쳐 소개한다.

마지막으로 부록에선 소비자에게 추천하는 쇼룸을 선정하고 이곳의 다양한 프로그램과 홍보 활동을 소개했다. 또한 함께 읽기를 권하는 관련 도서를 선정해 지면으로 구성하고 제조사별로 추천 매장을 정리해 구매자에게 실질적인 도움이 되도록 했다.

페인트는 완전한 재료가 아니다. 주기적으로 보수와 교체가 필요하고, 기후나 온·습도에도 민감하다. 돌과 콘크리트처럼 뼈대를 구성하는 재료가 아니기에 그동안 많은 건축가에게 등한시되어온 재료이기도 하다. 하지만 단점만큼 장점도 분명하다. 어느 면이든 손쉽게 시공할 수 있고, 다양한 색을 만들 수 있으며, 단열과 내화 등 자유자재로 기능을 더할 수 있는 확장성에 저렴한 가격의 경제성까지 두루 갖췄다. 앞으로 다양한 페인트의 활약과 진화를 기대한다.

책임에디터 정사은

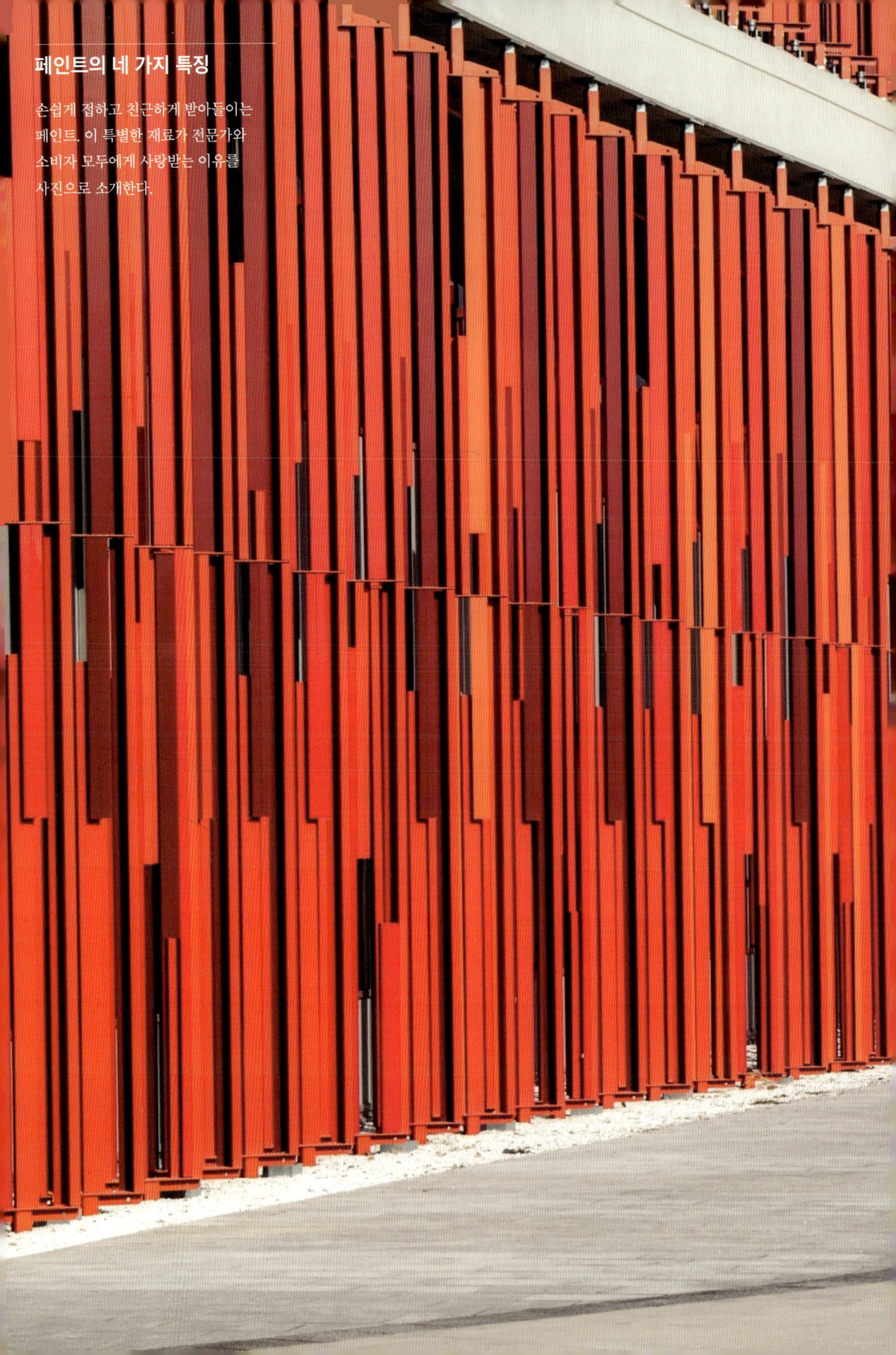

페인트의 네 가지 특징

손쉽게 접하고 친근하게 받아들이는
페인트. 이 특별한 재료가 전문가와
소비자 모두에게 사랑받는 이유를
사진으로 소개한다.

도시에 활력을 더하는 색채

거리 곳곳에 칠해진 페인트는 저마다의
색을 뽐내며 개성을 드러내고, 이로
인해 도시는 한층 활기를 띤다. 사진은
RMO디자인의 라이언 올슨Rayn Ollson이
디자인한 캐나다 온타리오주에 있는 런던
지역의 버스 정류장.

적용의 귀재

울퉁불퉁한 요철이 있어도, 형태가
자유로워도, 어떤 재질이어도 페인트를
칠하지 못할 곳은 없다.

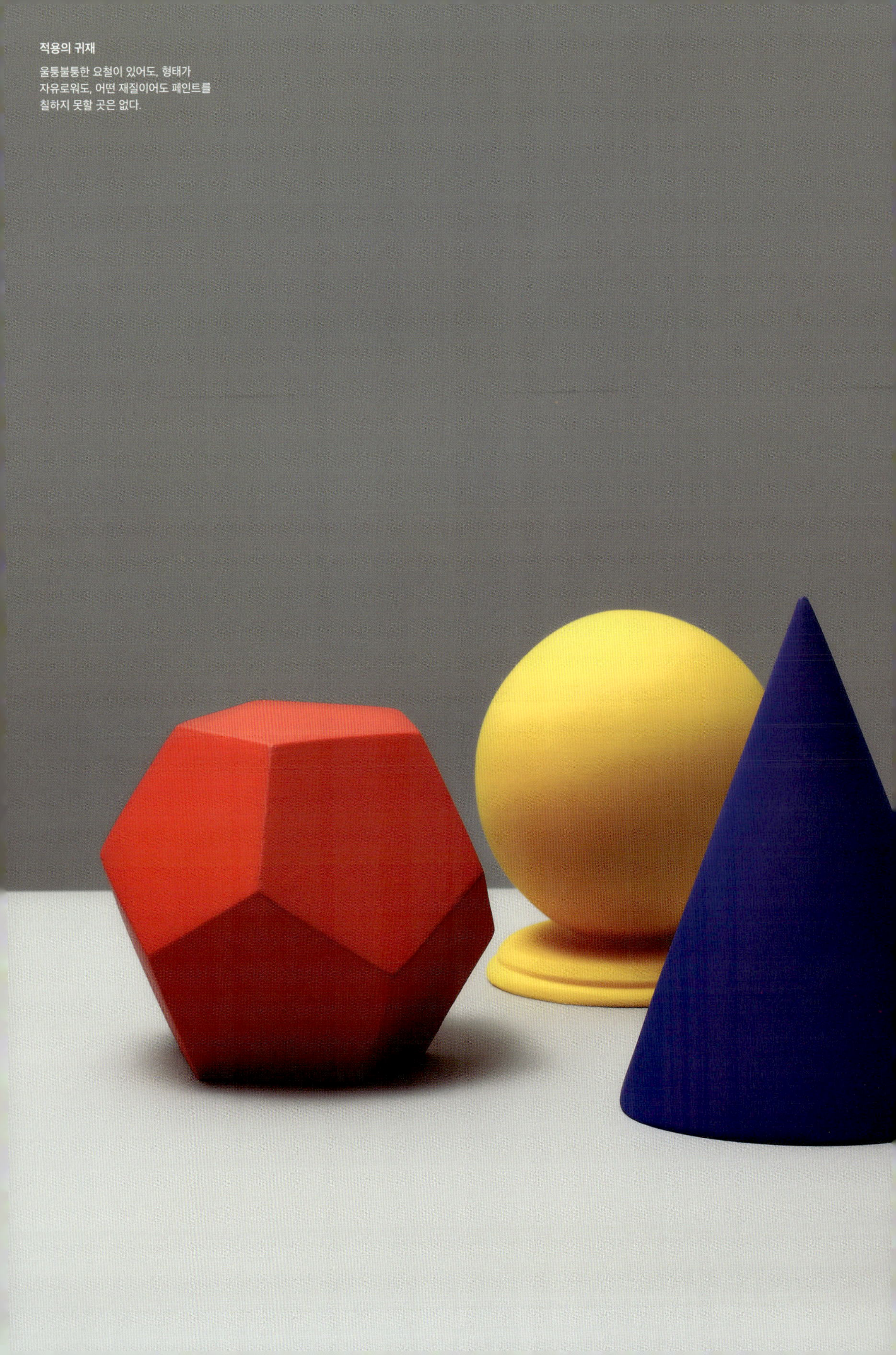

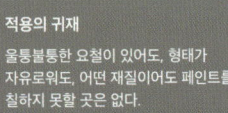

페인트의 종류와 코드

Contents

1

Story of Paint

페인트 상식 사전

글 정사은

누구나 알고 있지만 정확하게 알지 못하는 페인트에 대한 각종 정보를 모았다. 정의와 기능에서부터 도장과 미장의 차이와 페인트의 역사까지.

페인트의 정의 및 기능

표면에 막을 형성해 물체를 보호하는 방식의 시공을 도장이라고 한다. 도장 방식은 크게 코팅, 페인팅, 라이닝이 있다.

코팅coating은 피도물을 보호하고 도막 강도를 높이며 자외선을 차단하는 등 도장 성능을 높이기 위한 시공법이다. 일반적으로 스프레이-건을 사용하여 투명한 기능성 도료를 150~300㎛의 얇은 두께로 뿌린다.

페인팅painting은 붓, 롤러, 스프레이 등을 사용하여 도막을 형성하는 방식이며 두께는 약 0.5~1㎜로 코팅보다 두껍다.

셋 중 도막의 두께가 가장 두꺼운 **라이닝**lining은 도막의 강도, 탄성이나 방수성을 높이기 위해 가장 최종면의 도막을 만들 때 쓰는 방식으로, 비닐시트와 비슷한 1~3㎜정도로 두껍다. 이 책에서는 도장 방식 중 페인팅을 위한 페인트를 주로 다루며 코팅의 일종인 분체도장과 UV도장 등도 함께 소개한다.(p.44 참고)

넓은 범위에서 페인트는 마르면 도막을 형성, 물체의 표면을 보호하고 색이나 질감을 입혀 미적인 효과를 만들어내는 모든 재료를 지칭한다. 액체 상태의 유동 물질로서 물체의 표면에 칠한 뒤 말리기만 하면 되기 때문에 일반인도 쉽게 접근할 수 있는 친근한 재료 중 하나다. 우리나라 국가표준(KS)에서는 페인트를 '액상 또는 분말 형태의 물질로 바탕에 도장하면 바탕 보호 및 겉모양 장식 또는 특수한 기능을 갖는 것'으로 정의한다.

페인트의 가장 큰 목적은 표면 보호다. 습기와 오염, 부식으로부터 물체를 보호하고 내구성을 유지함은 물론, 다양한 색과 광택, 촉감까지 더해 아름답게 연출할 수 있다. 무엇보다 다른 건축재료에 비해 시공 과정이 간단하고 편리하며 저렴한 금액으로 넓은 면적을 칠할 수 있어 경제성이 뛰어나다는 장점이 있다. 최근 단열성이 강화된 페인트, 은폐력이 뛰어난 페인트, 온도를 감지하는 페인트 등 기능이 강화된 신기술 페인트도 하나둘 등장하며 그 가능성이 점점 커지는 추세다. 하지만 다른 마감재에 비해 내구성이 약해 주기적으로 유지보수해야 하고, 표면이 노후화되면 보호의 기능과 발색 등 특유의 장점이 사라진다는 단점이 있다.

페인트의 과거와 현재, 미래

페인트에 대한 가장 오래된 문헌의 기록은 남아프리카의 블롬보스 동굴에서 발견된 10만년 전의 페인트 킷이다. 안료를 섞고 보관하기 위해 바다 달팽이 껍질을 그릇 삼아 동물의 어깨뼈를 비롯한 골수와 지방 등을 활용, 색을 내고 고정력을 높이는 용도로 사용한 것이다. 벽에 그려진 '그림'으로 페인트의 발견을 보여주는 기록은 그보다 7만 년 지난 3만 년 전, 크로마뇽인이 살던 석기시대에 있다. 동굴 속에서 그 당시 짐승의 사냥이나 생활상을 나타내는 그림이 발견되었으며 숯가루와 돌가루, 짐승의 피와 나무 진액 등이 버무려진 그림은 페인트를 활용한 '표현'의 시작이라는 의미에서 미술사적인 가치가 있다.

이후 페인트의 재료와 기법은 지역의 기후와 문화, 재료에 따라 각기 다르게 발전했다. 이집트인은 색을 내는 안료를 카세인[1]에 혼합해 페인트를 제조했고, 중세시대, 유럽에서는 보석의 일종인 호박을 기름에 녹여 투명한 페인트를 제조한 기록도 있다. 우리나라는 약 1,400여 년 전 중국에서 불교가 유입되면서 도금, 옻칠 기술이 함께 전해진 것이 페인트의 유래이고 이후 건축, 문화, 예술 전반에 활용되었다. 특히 한국 전통 채색 안료의 재료로 흰 백토와 노란 황토를 비롯, 석관과 뇌록, 공작석 등 색이 있는 광물 자원이 사용되었으며, 옻나무 진을 활용한 옻칠과 황칠나무의 수액을 사용한 황칠 등을 표면에 밀착시키는 수지 용도로 활용했던 것을 알 수 있다.

서양에서는 1920년대에 본격적으로 페인트를 개발하기 시작했다. 이는 기존의 래커를 합성 화학 물질인 나이트로셀룰로오스[2]로 대체할 수 있게 되면서부터다. 이어 알코올과 산이 결합된 알키드수지와 비닐아세테이트 에멀션 등 다양한 화학 물질이 개발되었다. 2차 세계대전이 끝난 후에는 멜라민수지, 에폭시수지, 우레탄수지, 아크릴수지, 실리콘수지 등의 합성수지[3]가 개발되며 페인트산업은 급격한 발전을 이루었다.

우리나라 전통건축에서 찾을
수 있는 페인트의 대표적인
예는 한옥의 처마와 단청
등 장식용 채색에 사용된
옻칠이다.

프랑스 남서부지역 라스코
동굴에 그려진 큰뿔사슴
모양의 벽화.
색을 내는 안료를 사용해
그림을 그린 것으로 후기
구석기시대에 그려진 것으로
추정된다.

기존에 펴바르던 시공법 역시 스프레이식, 정전식, 전착식 등 다양한 방식으로 발전했다.(p.44~47 참고)

건축에서 페인트는 대부분의 영역에 사용된다고 해도 과언이 아니다. 지붕과 벽, 창호 등 외부 기후에 노출되어 있는 외장재에도 사용되며 실내 천장과 바닥, 벽 등에도 페인트가 쓰인다. 눈에 보이지 않는 구조체인 철골이나 설비기기에도 녹을 방지하고 내구성을 높이기 위해 페인트를 사용한 곳이 많다. 이 책에서는 페인트의 종류와 특징을 시멘트와 금속, 목재, 그리고 실내까지 총 4개의 사용 부위로 나누어 다룰 예정이며 이 외에도 단열과 방염, 내화 등의 기능을 하는 특수 페인트를 함께 소개한다.

최근 페인트 업계의 관심사는 친환경과 신기술 페인트다. 1978년 미국 소비자제품안전위원회에서 소비자용 페인트에 납 사용을 금지한 것을 시작으로, 중금속과 포름알데히드 등 유해 물질을 함유하지 않은 인체에 무해한 친환경 제품을 개발하기 위한 업체들의 노력이 잇따르고 있다. 또한 항균, 방습, 단열 등 페인트 본연의 기능을 뛰어넘어 새로운 기능을 더한 제품도 속속들이 개발되고 있다. 여기에 국내 건축, 인테리어 시장의 성장과 더불어 DIY 시장이 커지며 국내 페인트 회사들이 자사 제품을 적극적으로 홍보하거나 쇼룸을 열어, 소비자와 접점을 만들어가는 움직임을 보인다.

도장과 미장, 방수의 차이점

일반적으로 도장과 미장, 방수는 특별히 구분되지 않고 혼용됐다. '바르다'와 '보호하다'는 같은 과정으로 시공되기 때문인데, 자세히 살펴보면 세 가지는 분명히 다른 목적과 기능을 갖는다.

도장painting은 '페인트'와 '도막'이라는 두 가지 요소가 반드시 존재한다. 도장의 목적은 표면 보호와 치장이다. 도장면에 따라 유성, 수성, 불소수지, 우레탄, 아크릴 등 사용하는 수지의 종류가 달라진다. 페인트를 바르는 부위는 콘크리트, 금속, 목재 등 광범위하며 타일, 도자기, 유리,

플라스틱 등 산업 전반에도 두루 사용된다.

미장plastering은 도장과 재료에서부터 구분된다. 석회나 석고 반죽이 물, 모래 등과 만나 단단하게 굳는 성질을 이용한 마감재로써 건물의 실내 벽과 천장에 국한해 사용한다. 미장은 굳은 뒤 단단한 표면을 만들기 때문에 균열을 방지할 수 있고, 내구성이 우수하며 흙손이나 도구를 이용해 다양한 질감을 만들 수 있다. 건축에서 미장은 도장 전단계에 적용하는 경우가 많은데, 실내 마감면 위에 미장 처리를 한 뒤 이를 건조하면 탄산칼슘으로 하얗게 변해 페인트의 발색과 성능을 극대화할 수 있는 좋은 바탕면이 만들어진다. 미장과 함께 설명할 용어로 스터코stucco가 있다. 벽 표면을 코팅하거나 장식에 사용하는 미세한 석고 입자를 지칭하는 스터코는 그 정의가 미장과 크게 구분되지 않으며 대개 혼용되곤 한다. 미장이 주로 실내에 적용하는 개념이라면 스터코는 외부 마감용 반죽을 가리킬 때 주로 사용된다는 차이가 있다. 외부에 사용하는 만큼 기후와 온도에 견딜 수 있는 성질이 필요하며, 생산사에서는 아크릴과 실리콘 등 화학 재료를 첨가해 내후성과 신축성 등 성능이 강화된 제품을 생산한다. 국내에서 생산·유통하는 대표적인 스터코 회사로는 테라코코리아, 스토, 스터코플렉스, 파렉스 등이 있다.

방수waterproofing는 재료를 사용해 수분이 침투하는 것을 방지하는 기법을 지칭하는 것으로, 도장이나 미장과는 다르게 특정 재료가 아닌 '방법'을 일컫는 단어다. 시트, 아스팔트, 펠트, 모르타르 등 사용하는 재료에 따라 다양한 시공법이 있으며, 그중 액체를 도포해 물이 새지 않는 도막을 형성하는 도막 방수도 있다. 이 방법은 시공할 때 방수 페인트를 사용하는데 이 때문에 혹자는 방수가 페인트의 하위개념인

것으로 오인하고는 한다. 방수 방법의 하나로 도막 방수가 사용되며, 그 재료로 페인트를 사용하는 것뿐임을 명확히 하는 것이 좋다.

용어정리
1) **카세인(casein)** 인단백질의 일종으로 우유에 함유되어 있는 물체. 산을 가하면 침전되는 성질이 있다. 도금 시 첨가제로 활용한다.
2) **나이트로셀룰로오스(nitrocellulose)** 섬유질을 질산과 황산으로 처리해 만드는 화학물로, 굳으면 단단한 피막을 형성한다.
3) **합성수지(synthetic resin)** 석탄, 석유 등의 화학반응을 통해 만든 고분자 화합물로, 일반적으로 내수성·내약품성·전기절연성 등이 뛰어나다. 페인트에서는 호박 등의 천연수지를 대체할 수 있는 물질로 개발됐다.

Components of Paint

페인트를 구성하는 세 가지 요소

글 정경화

페인트는 전색제와 안료, 그리고 소량의 첨가제로 이루어지며 칠하는 부위, 필요한 기능, 발색 정도에 따라 다르게 배합된다.

1 페인트 운반자, 전색제vehicle

페인트는 착색을 위한 안료, 결합제인 수지와 유지, 용제, 그리고 첨가제로 구성된다. 전색제는 이 중 안료와 첨가제 이외의 성분을 총칭한다. vehicle이라는 영문명에서도 알 수 있듯이 색을 내는 안료와 기능을 더해주는 첨가제를 잘 섞어서 실어다준다는 의미로 페인트가 제 기능을 할 수 있도록 자리를 만드는 역할을 한다.

도막을 만드는 코팅젤
수지resin

수지는 페인트에서 주연 역할을 하는 매우 중요한 존재다. 페인트의 여러 구성요소들을 잘 섞고 굳혀 하나의 도막으로 만드는 주요 성분이 바로 수지이다. 수지는 유기화합물과 그 유도체로 이루어진 고체 또는 반고체의 물질로서 결합제binder 역할을 하여 도막 형성에 직접 관여한다. 건조 방식과 광도, 내구성, 유연성, 인성과 같은 대부분의 물성이 수지로 결정된다고 해도 과언이 아니다.

수지는 재료에 따라 천연수지와 합성수지로 나뉜다. 천연수지는 주로 식물에서 추출되거나 분비되는 것으로 나무에서 나오는 진을 떠올리면 된다. 녹는점이 높고 색이 옅을수록 품질이 좋다. 소나무에서 분비되는 송진rosin, 투명하고 단단하며 탄력성이 우수한 댐머dammar, 지하 광물이나 석화된 나무에서 얻는 코펄copal, 호박amber 등이 있으며 우유의 단백질인 카세인casein이나 벌레의 분비물로 만든 셸락shellac도 천연수지다.

합성수지는 화학원료를 합성하여 만든 것으로, 최근에 제조되는 페인트는 대부분 합성수지로 만들어진다. 알키드수지, 에폭시수지, 폴리우레탄수지, 아크릴수지, 페놀수지, 요소수지, 멜라민수지, 비닐수지 등이 대표적인 합성수지다.

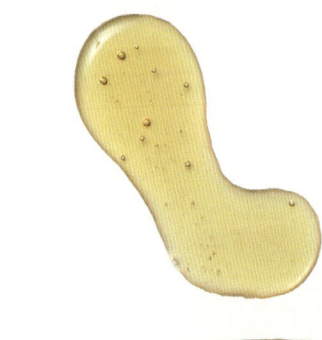

두 얼굴의 조력자
유지 fat&oil

유지는 우리에게 친숙한 '기름'으로 수지와 같이
건조되면서 도막을 만드는 역할을 한다. 유지는
분자구조에 따라 건조되는 정도가 다르다. 건조되는
정도를 불포화도라고 하며 요오드값으로 그 수치를
표현한다. 요오드값이 130 이상인 잘 마르는
유지는 건성유 drying oil, 100~130으로 중간 정도의
유지를 반건성유 semi drying oil, 100 이하인 마르지
않는 유지는 불건성유 non-drying oil라고 한다.

건성유는 공기 중의 산소와 결합하여
빠르게 탄성이 있는 굳은 도막을 만들어내므로
단독으로 전색제로 사용하기도 한다. 종류에는
아마인유 linseed oil, 대마유 hemp oil, 동유 tung oil가
있다.

반건성유와 불건성유는 용제에 녹여
유성바니시나 알키드수지 페인트를 만드는 데
사용한다. 반건성유에는 어유 fish oil, 대두유 soy oil,
지방유 fatty oil, 해바라기씨유 sunflower oil가 있으며
불건성유에는 야자유 coconut oil, 피마자유 caster oil,
톨유 tall oil가 있다.

가공하지 않은 유지는 건조가 매우 느리고
불순물도 함유하고 있다. 여기에 건조제를 적당히
넣어주고 수분과 불순물을 제거해 보일드유 boiled
oil를 만든다. 성능을 보완한 보일드유는 가공하지
않은 것에 비해 건조 속도가 빨라 유성페인트에
많이 쓰인다.

발림성을 높이는 도구
용제 solvent

용제는 어떤 물질을 녹이는 용액을 뜻한다.
도막을 형성하는 주요소인 결합제는 기본적으로
점성이 높고 두께가 두꺼워 발림성이 좋지
않다. 용제는 이러한 결합제를 녹여 페인트를
칠하기 쉬운 유동의 상태로 만든다. 또한 마르는
속도를 조절하고 도막을 평활하게 만드는 역할도
한다. 페인트를 녹이는 특성 때문에 용제의 한
종류인 시너 thinner는 도장기기를 씻는 용도로
사용하기도 한다.

용제는 진용제, 조용제, 희석제로 구분한다.
진용제는 직접 수지를 녹이는 용제이고, 조용제는
진용제와 섞어서 용해 능력을 얻는 용제다.
희석제는 수지를 직접 녹이지는 못하지만 칠하는
바탕에 침투하여 접착력을 높이고, 용액의 점도를
낮춘다. 그리고 빠르게 휘발되어 단단한 도막만
남게 한다. 이러한 구분은 물질마다 고유하게
정해진 것이 아니라 녹이고자 하는 대상에 따라
달라진다. 수성페인트의 용제는 보통 물이고,
유성페인트는 알코올, 케톤, 에스테르, 터펜틴
등 다양한 물질을 용제로 한다. 용제는 페인트가
마르면서 휘발되므로 도막 성분으로 남지는
않지만 도막의 성능에 영향을 미치며 인체에
유해한 휘발성 유기화합물을 쓰기도 하므로
꼼꼼히 살펴야 한다.

2 색과 은폐력을 불어넣는 안료pigment

다채로운 색, 그리고 바탕면을 효과적으로 가려주는 은폐력. 페인트에서 가장 중요한
이 두 가지를 만들어내는 요소는 바로 안료다. 안료는 표면에 광택과 질감을 내고 경도,
내광성, 내구성과 같은 물성을 조절해 표면을 보호하는 역할을 한다.
일부는 안료 대신에 염료를 넣기도 한다. 안료 입자는 물이나 용제에 녹지 않기 때문에
전색제의 도움이 필요하지만 염료dye는 물이나 용제에 녹아서 표면에 흡수되어 색을
낸다. 안료를 모래물, 염료를 설탕물에 빗대어 이해하면 쉽다.

내구성이 강한

무기안료mineral pigment

무기안료는 탄소가 포함되지 않은 천연광물,
금속화합물을 원료로 만든 안료이다. 열과
자외선에 강해 사용 부위에 제약이 적은
편이다. 하지만 입자 크기가 0.1~40㎛로
유기안료에 비해 커서 착색력이 약해 색의
선명도가 유기안료에 비해 떨어지는 단점이
있다. 무기안료에는 색을 내는 것 외에
다른 역할을 하는 안료도 있다. 탄산칼슘,
진흙, 실리카 등의 체질안료는 색을 내지
않고 도막의 경도를 높이는 충진제 역할을
한다. 광명단, 아산화연 등의 방청안료는
물에 녹으면 알칼리성을 띠며 금속 표면이
산화하여 녹스는 것을 막아준다.

착색력이 뛰어난

유기안료organic pigment

유기안료는 탄소를 함유한 화합물인
유기질을 원료로 사용해 색과 은폐력을 내는
재료다. 입자가 0.01㎛부터 0.1㎛로 매우
고와 착색력이 뛰어나며 자연스럽고 선명한
색상이 특징이다. 하지만 열이나 자외선에
약해 사용할 수 있는 부위가 한정되어 있고,
은폐력이 떨어진다는 단점이 있다.

3 약방의 감초, 첨가제^{additive}

페인트에는 안료, 전색제와 같은 주성분 외에 다양한 종류의 첨가제도 포함되어 있다. 제조 단계부터 건조되어 내구성이 생길 때까지, 첨가제는 각각의 단계에서 페인트에 필요한 물리적, 화학적 기능을 충분히 발휘할 수 있도록 보조하는 역할을 한다. 너무 적으면 효과가 없고, 너무 많이 쓰면 부작용이 생기므로 적절한 양과 종류의 첨가제를 골라 사용한다.

균일한 품질을 위한 필수품

분산제^{dispersant}

안료가 고루 분산되지 않으면 색과 광택에 차이가 나고 얼룩이 생긴다. 분산제는 안료가 전색제에 균일하고 안정적인 상태로 골고루 섞이도록 돕는 역할을 한다. 합성 에멀션수지를 만들 때, 수지를 물에 강제로 분산시키는 데에도 사용한다. 비누, 세제에 많이 쓰이는 계면활성제나 산형 폴리머, 아민형 폴리머가 주로 사용된다.

도막 성능 부스터

가소제^{plasticizer}

마르지 않거나 아주 천천히 증발되는 액체 혹은 반고체의 물질로 도막의 성능을 향상시키기 위해 첨가한다. 깨지기 쉬운 고체 전색제에 가소제를 넣어 도막의 탄성, 부착성, 가소성, 내충격성을 높인다. 다이옥틸프탈레이트^{DOP}, 디카비톨프탈레이트^{DCP}, 피마자유 등이 많이 쓰인다.

빠른 건조를 돕는 도우미

건조제^{drier}

도장 후 도막의 건조를 촉진하여 건조시간을 줄이고 경화성을 높이기 위해 사용한다. 건조제를 넣지 않으면 며칠이 지나도 잘 마르지 않지만 적절한 양을 넣으면 빠르면 몇 시간, 늦어도 24시간 내에 건조된다. 코발트, 망간, 철과 같이 건성유의 산화를 직접 촉진하는 활성 건조제와 납, 칼슘과 같이 활성 건조제의 활동을 돕는 보조 건조제로 나뉜다. 필요 이상으로 과다하게 사용할 경우 도막의 노화가 촉진될 수 있기 때문에 신중하게 사용하는 재료다.

또 다른 중요한 조연

기타 첨가제

이 밖에도 도료를 제조할 때나 도장할 때 생기는 기포를 제거해주는 **소포제**, 페인트를 보관하는 동안 성분이 서로 응집하여 가라앉는 것을 막기 위해 첨가하는 **침강 방지제**, 페인트를 보관하는 동안 안료가 응집하여 따로 분리되거나 색이 변하는 것을 막기 위해 사용하는 **색분리 방지제**, 페인트를 칠하는 동안 흐르는 것을 막기 위해 첨가하는 **흐름 방지제**가 대표적인 페인트의 첨가제다. 모두 소량으로 들어가지만 도료의 여러 물성을 향상시키는 중요한 존재들이다.

Manufac-turing of Paint

페인트 산업의 현주소

글 정사은

건축, 선박, 자동차, 화학공업 등 페인트가 사용되는 영역은 무궁무진하다.
국내 페인트 산업 규모와 현황, 그리고 앞으로의 비전을 담았다.

산업 규모와 주요 기업

국내 페인트 시장의 규모는 약 4조 원으로 그 분야는 건축과 자동차, 전기전자, 공업, 선박 등 산업 전반에 두루 퍼져 있으며 중·경공업 시장 상황과 수입, 수출 여건에 크게 영향을 받아 수치가 변동한다. 전체 페인트 시장에서는 KCC가 가장 점유율이 높고 삼화페인트와 노루페인트, 그리고 제비스코와 조광페인트가 그 뒤를 잇는다. 전체 페인트 수요 중 건축용 페인트가 차지하는 비율은 약 38%가량이다.

KCC는 종합 화학기업으로 페인트 외에도 건축 내장재와 창호, 인테리어 장식과 유리 등을 생산한다. 그중 페인트의 경우 대기업의 중공업 분야 물량을 확보하고 있어 전체 페인트 시장의 43%를 점유하며, 건축용은 전체 제품의 20%가량 차지한다. **삼화페인트**는 국내 페인트 업계의 2위이면서 건축용 페인트 판매로는 가장 높은 점유율을 보인다. 1946년 동화산업으로 시작해 1964년 삼화페인트공업으로 이름을 바꿨으며 건설용 페인트를 시작으로 자동차, 조선, 특수 분야 페인트를 생산하고 있다. **노루페인트**는 건축용 페인트를 비롯해 선박용, 공업용, 가전금속용, 자동차 보수용 등 다양한 페인트를 생산한다. 국내 페인트 뿐 아니라 외국 페인트와의 기술 제휴를 통해 선박용 페인트 합작사를 만들기도 하고, 듀럭스와 팬톤페인트 등 홈페인팅용 친환경 페인트를 수입, 개발, 생산하는 데도 적극적이다.

특히 삼화페인트와 노루페인트의 경우 소비자와 기업이 직접 거래하는 B2C사업의 일환으로 각각 홈앤톤즈와 컬러메이트 브랜드를 론칭, 가정용 페인트와 DIY 제품들을 판매하고 컬러 컨설팅과 시공 서비스도 제공한다(p.144~145 참고).

위의 3대 페인트 회사의 뒤를 이어 제비스코와 조광페인트, 벽산페인트 등이 활약하고 있다. **제비스코**는 2015년 제비표페인트에서 브랜드명을 바꾸며 젊은 이미지를 입은 기업이다. 과거 사명인 건설화학공업에서 알 수 있듯, 전체 물량의 76%를 건축용 페인트가 차지한다. **조광페인트**는 목공용 페인트에서 1위인 업체로 한샘이나 LG하우시스 등 건축자재 기업에 납품한다. 또한 가루를 뿌려서 분사한 뒤 건조시켜 만드는 분체형 도료시장을 비롯, 특수 페인트에서 우위를 점하고 있다.

국내 페인트 생산회사 외에 해외 수입 페인트도 최근 눈에 띄는 성장세를 보인다. 이들 수입 페인트는 휘발성 유기화합물VOCs이 없는 친환경 페인트를 표방하며 소비자에게 먼저 어필하는 전략으로 시장에 자리 잡았다. 1995년 국내에 수입된 **벤자민무어페인트**는 페인트의 무해성을 앞세워 소비자들과 소통하는 움직임을 보이고, **던에드워드페인트**는 다양한 색과 발색력으로 어필한다. 이 외에도 미국의 **베어페인트**와 독일의 **제냐페인트**, 핀란드의 **티쿠릴라** 등 다양한 수입 페인트 회사가 쇼룸 오픈과 DIY클래스 운영 등으로 소비자들과 접점을 만들고 있다.

페인트 회사의 향후 과제

최근 환경오염에 대한 규제와 에너지 절감에 관심이 높아짐에 따라 페인트 업계에도 변화가 일고 있다. 무엇보다 내구성이 뛰어난 수용성 페인트를 개발해 용제의 주성분인 휘발성 유기화합물의 사용을 줄여가는 추세다. 이는 스모그와 오존을 생성해 환경오염의 주범이 되는 물질로, 자동차, 도장시설, 주유소 등에서 발생하는데 그중 38%가량이 도장시설에서 발생한다. 또 신축 건물에서 발생하는 휘발성 유기화합물이 호흡곤란과 구토, 경련 등 인체에 치명적인 문제를 일으키는 사례가 몇 차례 이어지며 실내용 페인트에 대한 환경 규제도 지속적으로 강화되는 추세다.

2017년 6월부터 시행된 건축물의 에너지 소비총량제 실시로 단열 성능을 강화한 건축자재의 개발이 활발해지면서 페인트 역시 차열, 단열 성능이 있는 제품에 대한 수요가 늘고 있다. 화재 시 내화 성능을 갖춘 내화페인트Pme10나 연기 발생을 저지하는 방염페인트Pwo07 등의 중요성도 날로 커지고 있다.

작은 캔부터 선박용까지, 페인트 제작의 모든 것

인터뷰어 정사은
인터뷰이 김정훈

석유화학물이 다양한 색의 페인트로 변화는 과정. 삼화페인트 안산 공장에서 페인트 제작에 대한 궁금증을 해소했다.

건축페인트 시장에서 두각을 드러내는 삼화페인트는 안산에 대규모 공장을 갖추고 내수용 페인트를 생산한다. 70여 년간 차근차근 성장해온 회사답게 이곳에서는 효율적인 동선과 체계적인 생산 공정이 눈에 띈다. 김정훈 생산지원팀장과의 인터뷰를 통해 페인트 공정의 흐름과 제품 제작 시 주안점, 그리고 안산공장만의 장점을 들어보았다.

감씨(감)　주변 공장에 비해 규모가 큰 것이 눈에 띈다. 공장의 규모와 현황을 소개해 달라.

김정훈(김) 이곳은 삼화페인트의 대표 공장이다. 안산 시화 국가산업단지에 위치해 있으며 지난 1993년에 서울 창동과 경기도 용인 공장을 이곳으로 이전해왔다. 규모는 6만 7천㎡가량이다. 1년에 생산하는 페인트의 양은 10만㎘ 가량이며 건축용 페인트의 대부분은 이곳에서 생산한다. 이곳 외에도 국내에는 공주와 김해에, 해외에는 중국의 장강과 위례, 베트남, 인도 등에 공장을 두고 있다. 주로 수출용 제품을 생산한다.

감　주로 생산하는 영역은?

김 건축용은 아파트와 대형 건물을 비롯한 건축물의 실내외 마감재와 옥상과 바닥 방수용 페인트, 목공용 페인트가 있다. 공업용은 휴대폰이나 가전기기, 기계부품 등의 표면에 바르는 제품으로 기업에 판매한다. 과거에는 플라스틱용 페인트를 생산하기도 했는데, 휴대폰의 마감재가 금속으로 바뀌면서 시장의 수요가 다소 줄었다. 또 자동차 보수용 페인트 생산량도 많다. 세탁기나 에어컨, 냉장고, 철판 등도 페인트로 마감하는데 이는 공주공장에서 PCMpre-coated matal도료(p.47 참고)로 생산한다.

감　일상에서 쓰이는 페인트가 생각보다 많다.

김 제관용 페인트라고 해서 깡통이나 음료수 캔 등 식음료 캔의 안팎에도 페인트가 사용된다. 선박에 바르는 방호페인트의 수요도 상당하다. 방호페인트는 바닷물의 염분과 기후에 강해야 하고, 따개비나 조개 등이 들러붙지 못하게 하는 기능성 페인트이다. 특수 목적을 가진 페인트도 생산한다. H빔이나 철재.구조에 바르는 내화페인트Pme10는 불이 나면 도장 표면이 발포해 철에 직접 열기가 닿지 못하게 한다. 곰팡이를 방지하는 방균페인트Pce10 나 연기 발생을 막는 방염페인트Pwo07 도 건축에서 많이 쓰이는 특수 페인트다.

감　페인트를 생산하는 공정이 궁금하다.

김 페인트 생산 공정은 크게 두 가지로 구분할 수 있다. 수지 생산 공정과 페인트 생산 공정이다. 수지는 페인트의 기능을 결정하는 가장 중요한 요소이다. 수지의 유형에 따라 페인트가 갖는 내후성, 친수성, 내구성, 방염성 등이 달라진다.

삼화페인트 생산지원팀장 김정훈.

삼화페인트의 건물 중 가장 큰 곳에 이 수지공장 건물이 있으며, 이곳에서 만든 수지로 각각 수성, 유성, 특수 페인트를 만드는 건물이 주변에 있다.

감　수지는 정확하게 무엇을 의미하는가?

김 '알키드수지', '멜라민수지', '우레탄수지' 등을 들어본 적이 있지 않은가. 예를 들어 우레탄수지는 탄성이 있고, 기후 변화에 강한 성질이 있어 건축물 지붕의 옥상 방수용 페인트에 사용된다. 또 금속의 수축팽창에 대응할 수 있어 금속의 최종 마감용 페인트로 만들기도 한다. 수지를 이해하기 위해서는 페인트의 원재료인 모노머monomer를 알아야 한다. 페인트는 석유를 추출해서 그 부산물을 화학작용으로

바코드로 완제품을 보관하고
출하하는 시스템을 갖춘
자동화 창고.

단지 내 잘 정비된 도로.
재료는 통에 담겨 옮겨지기도
하고 공중배관을 통해
운반되기도 한다.

변형해 만드는 고분자화합물이다. 석유에서
추출한 단량체의 분자 상태 모노머를
그들끼리 연결하고 열과 약품 등을 이용해
다양한 성질을 발현시켜 수지를 만들어낸다.
이 공장의 지하에는 40여 개의 대형
모노머와 용제류 저장탱크가 매설되어 있다.
이를 수지공장과 페인트 공장으로 보내
페인트의 원료로 사용한다. 참고로 이렇게
모노머가 반복적으로 연결된 중합체가
폴리머polymer이며 우리가 흔히 아는
플라스틱도 그 결과물 중 하나다.

습도관리를 위해 곳곳에 설치되어 있는 미스트 분사기.

감 이렇게 만들어진 수지는 어떻게
　　활용되는가?
김 이 수지를 가지고 각각 수성, 유성, 특수
페인트 등을 생산한다. 페인트 공장에서는
색을 내는 안료와 매끈한 표면, 얼지
않는 성질 등 특수한 기능을 부여하는
첨가제를 더해 페인트를 만든다. 재료를
섞고 농도를 조절하며 조색하는 공정 등을
거쳐 포장까지 완성하면 시중에 판매하는
페인트가 완성된다.

감 특별히 신경 쓰는 안전 수칙이 있는가.
김 화학작용으로 제품이 만들어지기 때문에
화재가 발생할 위험이 대단히 높다. 공장을
돌다 보면 곳곳에 미스트를 분사할 수 있는
기기가 설치되어 있는 것이 보인다. 공기
중의 절대 습도가 60% 이하로 떨어지면
미스트가 자동으로 분사되어 70% 이상으로
습도를 올린다. 비가 올 때를 제외하고는
우리나라는 대부분 습도가 그보다 낮기
때문에 거의 매일 분사기가 작동 중이라고
보면 된다. 또 정전기가 나 스파크가
발생하면 자칫 큰 화재로 번질 수 있다.
작업복과 신발은 모두 정전기 방지 처리가
되어 있으며, 공장 진입 전에 손바닥을
터치해 잔류 전기를 방전하고 들어가도록
관리하고 있다.

공장 내 삼화방재센터를 운영해 화재를 조기진압 하는 데 활용한다.

감 이 외에도 이 공장만이 가지고 있는
　　장점은 무엇인가.
김 생산 설비와 재고관리 설비를 자동화
공정으로 변경하고 있다. 혼합과 포장
공정의 자동화는 안전의 위험이 줄어들고
균일한 품질을 만들어낼 수 있는 장점이

있다. 최근에는 기계식 창고를 완비했다.
창고의 선반 사이로 기계가 오가며
페인트를 적재하고 출하한다. 사람이 창고
앞에서 바코드를 입력하고 버튼만 누르면
기계가 자동으로 제 위치를 찾아서 싣고
내리며 가져다주기까지 한다. 사람이 일일이
내리는 수고를 하지 않아도 되니 일의
진행과 효율이 급상승했다.

감 소방차를 보유하고 있는 공장이라고
　　들었다.
김 안산공장은 규모도 크고 주변에 다른

회사의 공장도 많다. 화재가 발생하면
초기 진압이 무엇보다 중요하다. 내부에
소방자위대를 가지고 있어 불이 나면 바로
달려갈 수 있도록 조치하고 있다. 매년
안산시의 소방서와 합동훈련을 해 실제
화재에도 당황하지 않고 대응할 수 있다.

취재협조
삼화페인트공업 안산공장 031-499-0394

수지 제작 과정

페인트의 기능을 결정하는 가장 중요한 요소는 수지이다. 수지는 페인트의 기능성과 부착성을 책임지는 요소로, 예를 들어 '에나멜페인트Pme02, Pwo05'는 에나멜수지를 주원료로 만든 제품이다. 최근에는 알키드 에나멜수지, 실리콘 우레탄수지 등 두 가지 이상의 수지를 섞어 개량된 성능을 얻기도 한다.

① 운반
수지의 핵심 재료인 모노머가 지하에 매립된 40여 개 탱크에 저장되어 있다. 파이프 관을 통해 각각 수지 제조 공장과 페인트 제조 공장으로 운반된다.

② 배합
관을 통해 운반된 모노머에 첨가제와 지방산, 그리고 이를 융화해주는 용제를 넣고 배합탱크에서 배합한다.

③ 반응
배합을 하며 동시에 배합탱크에 열을 가해 화학 반응을 일으킨다. 이를 통해 원하는 성능을 얻는다. 80℃로 가열하는 수지도 있고 200℃ 이상이 필요한 경우도 있다.

④ 희석
소비자가 수지를 사용하기에 적절한 농도로 조절하는 과정. 농도가 높으면 용제를 더 넣고, 낮으면 모노머를 추가하는 등 세밀하게 조절한다. 농도는 지속적으로 체크해준다.

⑤ 여과
완성된 수지는 마이크론(㎛) 단위의 초미립 여과망을 거치며 먼지와 불순물이 제거된다. 2~3회의 여과 과정을 거쳐 페인트의 기본 재료인 수지가 완성된다.

⑥ 포장
여과를 거친 수지는 포장을 거쳐 바로 옆 페인트 공장으로 옮겨져 본격적인 페인트 공정의 주재료로 쓰인다. 또 가전이나 전자기기, 필름 등을 생산하는 회사에 판매하기도 한다.

페인트 제작 과정

앞서 제작한 수지를 기본 재료로 하여 여기에 색을 내는 안료와 유동성을
주는 용제, 기능성을 강화하는 첨가제를 넣어 페인트를 제작한다. 수성페인트
공장과 유성페인트 공장이 분리되어 운영되며, 안전장비와 보호구 착용 등
안전관련 수칙을 준수해야 한다.

① 배합

아크릴수지, 에폭시수지, 실리콘수지 등 필요한
기능에 따른 수지에 안료와 용제, 첨가제를 정해진
배합비대로 넣은 뒤 배합조에서 1차로 고루
섞는다.

② 연화

배합된 재료는 연화 과정을 거친다. 재료가 아직
뭉쳐 있기 때문에 세라믹 구슬을 이용해 잘게
부수고 풀어 가루처럼 곱게 갈아주는 공정이다.

③ 희석과 조정

수지공장과 마찬가지로 사용자가 페인트를
칠하기에 적절한 농도로 맞추는 희석 작업을
거친다. 이를 지속적으로 품질 검사하는 조정
과정도 이 공정에 포함된다.

④ 조색

컬러 페인트의 경우 소비자가 원하는 색으로
맞춰주는 조색 과정이 추가된다. 조색기를
사용하기도 하고, 기술자가 일일이 눈으로 색을
맞춰가며 조색하기도 한다.

⑤ 여과

이물질이나 먼지 등을 걸러내는 여과 과정. 조색이
불필요한 페인트는 희석과 조정 작업을 거친 후에
바로 여과 과정으로 투입되기도 한다.

⑥ 포장

삼화페인트는 기존의 포장 설비뿐 아니라
조색부터 포장까지 컨베이어벨트로 한 번에
이루어지는 자동화 공정을 갖추어 작업 효율을
높였다.

Type
of Paint

글 정사은

바탕면별 페인트 선택 가이드

수없이 많은 종류의 페인트. 그중 건축에 주로 사용하는 페인트를 모아
바탕면별, 용도별로 일목요연하게 정리했다.

시멘트용 페인트 Pce

현대건축의 대표 재료인 시멘트와 함께 모르타르면,
석고보드 등에 두루 사용되는 페인트를 시멘트용
페인트로 분류했다. 시멘트면은 공극이 크고 많아 도막의
부착성이 떨어지고 수분이 쉽게 침투한다. 또 석회질의
특성상 알칼리성을 띠기 때문에 이를 중화하는 기능이
있는 페인트를 사용해야 한다.

❶ 수성페인트 Pce01

본디 수성페인트는 색을 내는 안료를 적은 양의 물로 녹여
접착제와 같은 수용성 교착제인 아교나 전분, 카세인(p.21 참고)
등과 혼합한 분말 페인트를 지칭하는 말이다. 주성분으로 물을
사용하기 때문에 독성과 화재의 번짐 등이 없지만 내구성과
내수성이 떨어지는 단점 때문에 건물 안팎에 두루 사용하기엔
무리가 있었다.

기술 개발이 이뤄지면서 수성페인트의 범위는 확대되었다.
아크릴 에멀션, 에나멜 에멀션 등 친수성 합성수지들이 개발되어
기존 수성페인트의 단점인 내구성과 내수성을 높였다. 이는 정확히
말하면 합성수지 수성페인트이지만, 일반적으로 수성페인트로
통용된다. 이들은 물을 희석제로 사용하며, 물이 증발하면서
도막을 형성하는 공통점이 있다. 수지와 안료가 물에 고르게
분산된 액체 형태로 액상이 묽고 도포가 쉬워 인테리어, 홈 DIY
등에 두루 사용된다. 습도가 높은 곳에 사용 시 곰팡이가 발생할 수
있고, 때가 묻으면 닦기가 어렵다는 특징이 있다. 특히 철에는 녹이
발생할 수 있어 단독으로 사용하지 않는다.

적용 부위　　시멘트, 석고보드
적용 상황　　내부 벽과 천장, 석고보드, 외부 시멘트 벽

(시계방향으로) 조광페인트의 자연N 외벽용 페인트,
듀럭스의 벨벳터치, KCC의 숲으로웰빙과 숲으로 내부용
수성페인트, 노루페인트의 팬톤페인트 내외부 및 다용도
제품, 베어페인트의 베어 프리미엄 플러스 인테리어 에그쉘
에나멜, 던에드워드의 에버레스트 계란광 수성페인트,
삼화페인트의 아이럭스 수성 내부용 페인트.

❷ 실리콘페인트 Pce02, Pme04

건축용 외벽 도장에 많이 쓰이는 실리콘페인트는 방수성이 뛰어난 실리콘의 성질을 이용해
바탕면에 물이 스미는 것을 방지하며 내구성이 뛰어나 깨끗한 도장면을 오랫동안 유지할
수 있는 특징이 있다. 무색의 발수용 페인트로도 사용된다. 기후에 의해 도막이 열화되어
도막 표면이 가루가 되는 쵸킹 현상이 없으므로 외부에도 사용할 수 있으며 순수한
실리콘수지는 값이 비싸기 때문에 주로 합성수지로 변성하여 사용한다.

적용 부위 시멘트, 아연계 금속, 석고보드
적용 상황 외부 벽, 내부 바닥, 아연도금 철판

❸ 아크릴페인트 Pce03, Pme05

아크릴페인트는 대표적인 유성페인트이다. 안료를 녹이는 용제로 아크릴계의 합성수지를
사용한 제품으로 도장 후 용제는 날아가고 수지와 안료가 남아 표면에 피막을 만든다.
광택이 있고 수성페인트보다 매끄러운 표면을 만들 수 있다. 오염에 강해 내부에서는
걸레받이나 낙서방지용페인트로 두루 사용되며 재도장 기간이 길다는 장점이 있다. 하지만
다시 칠할 경우에는 새로 칠하는 페인트에 함유된 오일이 기존 도장면의 수지를 녹여
얼룩이 발생하기 때문에 반드시 기존 도장면을 벗겨낸 뒤 도장해야 한다.

적용 부위 시멘트, 금속
적용 상황 외부 시멘트 벽, 내부 걸레받이, 낙서방지용페인트
　　　　　　 알루미늄아연판 슬레이트, 기와 지붕

(시계방향으로) 던에드워드의 데코레이티브
글레이즈 페인트, 조광페인트의 자연N
외벽용 럭스Luxe, KCC의 숲으로 네오실
플러스, 삼화페인트의 수퍼씨리코트 플러스.

(시계방향으로) KCC의 유크릴상도 백색, 베어페인트의 프리미엄
플러스 울트라 올인원 제품, 삼화페인트의 더클래시 아토프리
인테리어, 던에드워드의 실크릿 클리어 씰, 노루페인트의 큐피트
크린솔, 조광페인트의 자연N 내벽용 원코트.

금속용 페인트 Pme

철이나 아연도금 등에 사용하는 금속용 페인트는 부식이 일어나기 쉬운 금속의 성질을 보완하는 기능성이 강화된 제품이다. 도장 전 바탕면의 이물질이나 녹 등을 제거해주는 바탕면 작업이 다른 공정에 비해 매우 중요하다.

❹ 조합페인트 Pme01, Pwo04

식물의 기름을 끓인 보일유를 주성분으로 활용, 현장에서 그대로 사용할 수 있도록 한 페인트로 용해 페인트라고도 부른다. 대표적인 조합페인트인 광명단 조합페인트는 방청성이 뛰어나 철재 구조물의 부식을 방지하는 하도제로 많이 쓰인다. 도막의 두께가 두꺼워 건조시간이 오래 걸리고 10℃ 이하에서는 건조되면서 페인트가 흘러내리기도 하므로 겨울철 공사에 주의가 필요하다. 습윤성[1]과 건조 성능이 뛰어난 보일유와 알키드수지[2]가 주성분이기 때문에 도막의 품질이 좋고 광택과 발색이 뛰어나며 도장 면에 잘 부착되어 보호력이 뛰어나다.

적용 부위　철, 아연계 금속, 목재

적용 상황　외부의 계단과 난간 등 금속의 하도, 아연도금판 물받이 및 홈통, 목재 하도

❺ 에나멜페인트 Pme02, Pwo05

알키드수지와 건성유, 색을 내는 안료를 혼합해 만든 컬러 페인트. 건조가 빠르고 광택이 우수하며 물과 기름, 약품에 강한 고급 페인트다. 특히 외부용은 웬만한 자극에도 도막이 부서지지 않을 정도로 경도[3]가 크고 기후에도 강하다. 유성 바니시에 안료를 혼합해 만든 유성 에나멜페인트와 합성수지 바니시에 안료를 혼합한 합성수지 에나멜페인트가 있으며 알루미늄 분말을 넣은 은색의 알루미늄페인트도 에나멜페인트의 한 종류이다.

적용 부위　철, 아연계 금속, 목재

적용 상황　대문과 난간 등 외부 금속, 교량과 철탑 등 철 구조물, 외부 목재

(왼쪽부터) 삼화페인트의 KSM6020 유성도료 1종 조합페인트 1급, KCC의 조합페인트인 센스멜조합.

(시계방향으로) 조광페인트의 알키졸 에나멜, 삼화페인트의 777 에나멜, 베어페인트의 베어 알키드 에나멜 페인트 저광, 노루페인트의 슈퍼에나멜 플러스 흰색과 검성색.

❻ 에폭시페인트 Pme03, Pce04

바닥면 도장재로 친숙한 에폭시페인트. 부착력이 높아 철 외에도 알루미늄면이나 스테인리스 스틸, 아연도금 등에 도장할 수 있어 금속 마감으로 두루 사용되며, 경도와 내마모성이 뛰어나 바닥용 마감으로도 쓰인다. 타르나 알코올 같은 종류에 녹기 때문에 이를 희석제로 사용하며 물과 약품, 산에 강하다. 특히 도막이 굳으면서 바탕면을 단단하게 보호하는 특징을 보인다. 하지만 기상변화에는 취약한 편이라 외부용으로는 잘 사용되지 않으며 특히 자외선에 노출되면 변색과 흰 가루날림 현상인 쵸킹이 발생하는 단점이 있다. 외부에 사용하는 경우 에폭시페인트를 하도로 쓴 뒤 내후성이 좋은 페인트로 한 번 더 마감해주어야 한다.

적용 부위	철, 시멘트
적용 상황	철의 녹막이와 구멍 메움, 시멘트 바닥
	다용도실 등 물 사용 부위

(주)제팬포르모) 쵸광페인트의 에피졸 TL-4 백색 에폭시페인트, 베어페인트의 베어 1액형 수용성 에폭시페인트, 인데드워드페인트의 실크리트 에폭시 씰, KCC의 유니폭시 코팅 제품.

목재용 페인트 ^{Pwo}

천연 목재와 함께 집성목, MDF 등에도 사용하는 목재용 페인트. 실내외
마감면의 벽과 천장, 바닥 등 마감면에 두루 사용되는 목재의 경우, 다양한
수종만큼이나 성질도 각양각색이다. 건축에서 목재의 종류와 쓰임은 감01
목재편에서 찾아볼 수 있다. 목재는 오염을 방지하고 면과 결이 일어나는
박리현상을 막기 위해 페인트를 바른다. 팽창, 수축하는 성질이 있기 때문에
투습성이 있는 페인트를 사용하며, 본연의 색을 살리는 투명 페인트와 색을
입힐 수 있는 유색 페인트로 나뉜다. 참고로 스테인의 경우 목재 표면에
기름을 침투시켜 표면을 보호하는 방식으로, 도막을 형성하는 페인트에서
제외해 분류한다.

❼ 바니시 ^{Pwo01}

대표적인 목재용 페인트로 알려진 바니시는 안료가 함유되어 있지 않아
투명한 것이 특징으로 현장에서는 니스라고도 부른다. 수성바니시와
유성바니시로 나뉘며 상황에 따라 마르는 속도와 광도가 다양하다. 페인트
업계에서는 통상적으로 투명 페인트를 바니시, 색이 있는 경우는 페인트라고
부른다. 외부 목재에는 자외선에 강한 스파 바니시를 시공해야 한다.

적용 부위　목재
적용 상황　내외부 목재 마감

❼

(시계방향으로) 조광페인트의 우레탄 바니쉬와
자연N 목재용 바니쉬, 삼화페인트의 아이생각
수성 우드 바니시, 던에드워드의 얼티메이트
폴리우레탄 바니쉬, KCC의 숲으로홈앤바니쉬,
노루페인트의 멀티플러스 수성 바니쉬.

❽ 옻칠 Pwo02

옻나무에서 추출한 진액을 주성분으로 한 옻칠. 지역별로 전통을 이어받은
제조 기법이 있으며 시공에 오랜 경험과 노하우가 필요하다. 도막은 자외선에
약하고 건조 속도도 느린 편이라 만능 페인트는 아니지만, 색이 고급스럽고
시공법별로 다른 표현이 가능해 고급 장식품이나 칠기, 공예품에 주로 쓰인다.

적용 부위　목재
적용 상황　공예품, 예술품

❾ 래커 Pwo03, Pme06

래커는 나이트로셀룰로오스를 주 용제로 만든 페인트다. 건조가 빠르고 도막이
견고하며 광택이 나는 특징이 있지만 열에 약하고 시너에 녹는 단점이 있다.
흔히 래커라고 하면 클리어 래커를 말하는데, 이는 안료가 들어가지 않은
투명한 것으로 바니시와 비교하면 도막은 얇지만 견고하고 광택이 고급스럽다.
주로 원목 가구나 내부용 목재 마감의 표면 처리에 쓰인다. 금속 전용 래커의
경우 금속의 변색을 방지하며 광택을 보호해준다.

적용 부위　목재, 금속
적용 상황　내부 문과 문틀 등 목재 마감, 광택이 요구되는 고급 가구

(시계방향으로) 삼화페인트의 인플러스 에코우드
무광투명 제품, 조광페인트의 자연N 목재용 락카,
KCC의 센스락 상도.

구채옻칠의 상온경화형 옻칠과 채색용 옻칠

목적에 따른 특수 페인트

한두 가지의 목적을 위해 만들어진 특수 페인트를 모아 별도로 분류했다. 화재를 지연시킬 수도 있고, 강한 도막으로 내구성을 괄목할 만하게 높인 제품도 있다. 곰팡이를 줄여주고, 외부의 기온 변화로부터 피도물의 온도를 유지하는 등 다양한 특수 페인트를 소개한다.

⑩ 부식을 방지하는 방청페인트 Pme07

물과 습기로부터 바탕면을 보호하고 부식을 방지하기 위해 바르는 페인트를 방청페인트라고 한다. 녹막이 페인트, 녹방지 페인트, 방식 페인트 등으로도 부른다. 방청페인트는 원료의 종류와 바르는 면에 따라 구분해서 사용해야 한다. 철재 표면의 녹 발생과 수분 침투를 막는 광명단 조합페인트, 알루미늄판이나 아연철판에 초벌용으로 사용하는 크로뮴산 아연 방청페인트, 알루미늄 분말을 함유해 열 반사효과가 있는 알루미늄페인트, 아연을 안료로 사용해 녹막이 효과가 좋아 금속의 하도재로 쓰이는 징크로메이트페인트 등이 있다.

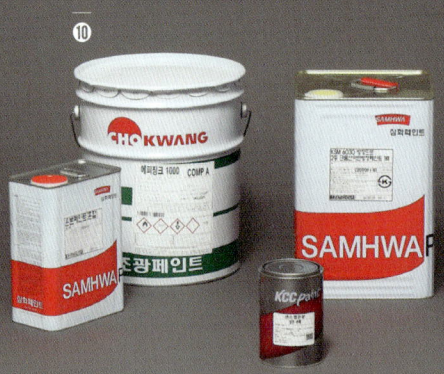

(왼쪽부터) 삼화페인트의 은분페인트와 KCC의 센스멜 은분, 아연 방청페인트는 조광페인트의 에피징크와 삼화페인트의 KSM 6030 2종 크롬산아연방청페인트.

불소수지를 함유한 조광페인트의 프로폰(S) (FROPON(S)).

던에드워드의 아리스토쉴드 세미글로스, 삼화페인트의 우레탄 방수 마스터 355.

⑪ 불소수지페인트 Pme08

페인트가 불소수지로 구성된 것으로, 불소원자F와 탄소원자C가 결합, 자외선에 쉽게 파괴되지 않아 내후성이 뛰어난 특징을 갖는다. 도막이 변질되지 않아 보수가 불필요한 강점이 있지만, 고가인 데다가 색상이 제한적이라는 단점 또한 존재한다. 과거에는 공장 제작만 가능했으나 기술의 발전으로 건축 현장에 바르는 페인트에 불소수지를 함유한 페인트들이 속속들이 출시되고 있다. 건물의 내외벽뿐 아니라 교량과 철 구조물의 표면 보호, 터널 내벽의 내오염 도장 등에도 활용되는 고급 페인트이다.

⑫ 방수에 사용하는 우레탄페인트 Pce05, Pme09, Pwo06

아크릴 폴리우레탄 수지를 주성분으로 하는 페인트로, 도막이 바탕면에 강하게 결합하여 강도가 높고 방수 기능이 뛰어나고 신축성이 있다. 외부와 접한 면에 주로 쓰이며 옥상 방수페인트, 체육관 시설이나 주차공간, 목재의 마감에도 사용한다. 목재에 사용할 때는 래커보다 건조가 느리지만, 광택의 정도를 선택할 수 있어 애용된다.

⑬ 화재를 견디는 내화페인트 Pme10

고온에도 도막이 견디는 무기질 페인트를 내화페인트라고 한다. 전색제로 염화비닐과 초산비닐, 아민계수지, 실리콘수지 등을 사용하는데 이들은 불이 나면 도막에서 염소가스나 암모니아가스 등을 발생해 연소를 방지하고 화기가 바탕면에 직접 전달되는 것을 지연한다. 1시간부터 3시간까지의 내화페인트가 있다.

⑭ 화재를 지연하는 방염페인트 Pwo07

합판이나 목재 등 타기 쉬운 마감재에 사용하는 방염페인트는 화재 발생 초기에 연소를 방지하고 연기 발생을 지연하는 효과가 있는 특수 페인트. 최근에는 공공장소와 대규모 건물에 사용하는 합판과 목재 등에는 반드시 방염페인트 처리를 해야 하는 등 그 기준이 강화되고 있다.

⑮ 장식 효과를 더하는 다채무늬페인트 Pce06

실내외 도장면이 울퉁불퉁하거나 공극이 많은 경우, 이를 감추기 위해 입자가 큰 알갱이를 넣어 자연스레 무늬를 만든 페인트를 시공하기도 한다. 이를 다채무늬페인트라고 한다. 입자의 크기와 색상에 따라 다양한 무늬를 연출할 수 있어 장식 효과를 더할 수 있다. 주로 스프레이 방식으로 시공한다.

⑯ 형광, 발광 효과로 인지를 돕는 발광페인트 Pme11, Pwo08

도로나 표지판, 광고, 장식 등에 사용하는 발광페인트는 형광페인트와 인광페인트로 나뉜다. 형광페인트는 형광성 안료인 아연과 카드뮴 등 화학물질을 사용해 광고, 장식, 표지판 등에 사용한다. 인광페인트는 칼슘과 바륨 등을 사용해 공공장소의 야간 표시용 표지판, 위험 방지용 문자판 등에 사용한다.

삼화페인트의 늘푸른 무늬텍스, KCC의 무늬락WL864.

KCC의 화이어마스크 SQ-2600과 삼화페인트의 플레임체크 SS-210 내화페인트.

(왼쪽부터) 형광페인트로 KCC의 유크럼 형광과 조광페인트의 형광도료, 그리고 삼화페인트의 형광에나멜 제품.

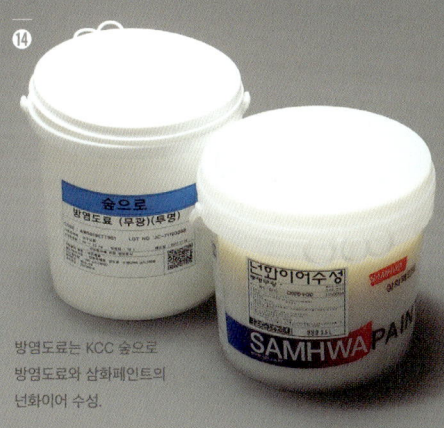

방염도료는 KCC 숲으로 방염도료와 삼화페인트의 넌화이어 수성.

⓱ 손때 묻기 쉬운 곳에 바르는 낙서방지용페인트 Pce07

수성페인트의 단점인 오염에 취약한 점을 개량한 페인트로 이와 함께
내구성과 내수성도 개선했다. 주로 어린아이들이 낙서를 심하게 하는 곳이나
오염되기 쉬운 부위에 부분적으로 바르며, 고광택 수성페인트와, 낙서를
물이나 석유, 합성세제 등으로 닦아낼 수 있는 유성 낙서방지용페인트가 있다.

⓱ (왼쪽부터) 광택이 있어
낙서방지에 도움이 되는 KCC
숲으로 광택수성, 조광페인트의
자연N 이지클린, 삼화페인트의
아이생각 수성 광택프로.

KCC의 차열페인트 스포탄 상도(에너지),
조광페인트의 에버쿨 상도.

⓲ 여름철 냉방비를 아껴주는 차열페인트 Pce08

우레탄 방수페인트에 태양열을 반사하는 안료와 단열재료를 혼합해 만든
기능성 페인트. 태양열을 차단하고 지붕면에 쏟아지는 복사열을 반사해
건축물 표면으로 열이 흡수되는 것을 막아주어 여름철 태양열로 인한
냉방부하를 절감하는 효과가 있다. 단독 시공보다 기존 우레탄 방수 위에
추가로 시공하는 것이 좋다.

⓳ 도막으로 보온 효과를 누리는 단열페인트 Pce09

단열 성능이 있는 세라믹 안료나 아크릴 에멀션수지를 함유해 도막이 표면을 보호하면서도 온도 유지에 도움을 주는 특수 페인트이다. 주로 내부에 단열 보강용 보조수단으로 사용되며, 내외부 온도 차이를 줄여 결로를 방지하는 효과도 낸다.

⓴ 곰팡이 억제를 돕는 방균페인트 Pce10

환기나 단열이 충분하지 못한 곳에 발생하는 곰팡이는 미관과 건강상 좋지 않으며 건축물에서는 금속의 부식이나 누진의 원인이 된다. 방균페인트는 합성수지에 곰팡이 제거제를 섞은 제품으로 수성 방균페인트, 아크릴수지 방균페인트, 우레탄수지 방균페인트 등이 있으니 노출 부위에 따라 골라서 사용하면 된다.

용어정리

1) 습윤성(wettability) 유리 표면에 물방울이 붙는 것처럼 다른 물질이 접촉하였을 때 서로 달라붙는 성질을 말한다. 물질의 표면장력에 따라 달라지며, 습윤성이 높을수록 표면에 잘 달라붙는다.

2) 알키드수지(alkyd resin) 넓은 의미로 알코올과 산이 결합해 생성된 수지를 통칭하는데, 페인트에서는 다염기산과 다가알콜의 축합물을 오일 또는 지방산으로 변성한 수지를 말한다. 변성 가능성이 매우 커 건축뿐 아니라 자동차, 가전, 금속등에 두루 사용된다.

3) 경도(hardness) 어떤 물체의 경도는 그 물체를 다른 물체로 눌렀을 때 물체가 변형에 저항하는 힘의 정도를 뜻한다.

삼화페인트의 단열텍스와 조광페인트의 엘라쿨 3100 상도 단열페인트.

(왼쪽부터) 던에드워드의 실크리트 덤프록 페인트, KCC의 숲으로 방균, 노루페인트의 순&수 항균페인트.

제품 촬영 협조

KCC페인트 www.kccworld.co.kr

구채옻칠 www.guchae.com

노루페인트 www.noroopaint.com

던에드워드페인트 www.jeswood.com

베어페인트 www.behrpaint.co.kr

삼화페인트 www.samhwa.com

조광페인트 www.ckpc.co.kr

Pre-made Painting

공장에서 만드는 고품질 도장

글 정경화

페인트의 종류만큼이나 칠하는 방법도 각양각색. 그중에서도 별도의 설비가 필요해 공장에서 사전 제작하는 도장 방식을 소개한다.

가루를 표면에 밀착하는

분체도장

분체도장은 가루 입자인 분체도료를 칠하는 도장법이다. 용제, 물, 공기 중에 휘발되는 희석제 성분이 없는 100% 가루도료다. 스프레이를 사용해 표면에 뿌린 뒤 160~210℃의 고온으로 가열하면 분말 입자가 녹으면서 도막을 형성한다. 건축에서는 알루미늄이나 철제 문, 창틀, 난간 등 금속 재료에 많이 쓰이는데, 유리나 플라스틱, 목재에도 가능하지만 가장 널리 쓰이는 방법이 정전기를 이용한 정전식이라 금속에 적합하다.

분체도장법은 다양한 장점이 있다. 희석제와 용제가 없어 대기오염이나 공해 문제가 적고 화재와 중독 위험도 낮다. 또한 도장 표면이 매끈하고 1회 시공으로 균일한 도막을 만든다. 표면에 흐른 자국이나 주름이 남지 않고 점도를 조절할 필요도 없으므로 작업이 편리하다. 페인트의 운반이나 저장도 쉽기 때문에 사전 제작이나 공장의 자동화에도 적합하다. 하지만 한번 도장한 뒤에는 색을 바꾸기 어렵고 가격이 비싼 것이 단점이다. 공장 설비나 상황에 따라 도장할 수 있는 물체의 크기가 제한될 수 있으니, 사전에 업체와 확인해야 한다(p.149 참고).

정전식은 대표적인 분체도장법으로 고전압을 주어 도장할 물체를 (+)극, 도료는 (-)극을 띠게 해 입자가 표면에 달라붙게 한 뒤 가열해 도막을 만든다. 어느 정도

칠해지고 나면 전극 평형으로 더 이상 칠해지지 않고 균일한 도막이 생긴다. 도장기와의 거리는 25~30㎝가 좋고 40㎝ 이상 떨어지면 도장이 잘 되지 않는다. 수동식 정전 도장기를 사용하면 공장뿐 아니라 현장에서도 가능하다.

정전 분체도장에 쓰이는 페인트는 에폭시페인트 Pme03, Pce04, 아크릴페인트 Pce03, Pme05, 폴리에스테르페인트, 에폭시-폴리에스테르페인트, 염화비닐페인트 등이다. 에폭시페인트는 표면에 잘 달라붙고 부식에 강하나 기후에 견디는 성질이 떨어져 실내의 금속 소재에 주로 쓰고, 폴리에스테르페인트는 내후성이 우수해 외장재와 교통 시설물 등에 쓰이지만 가격이 비싸다는 단점이 있다. 에폭시-폴리에스테르페인트는 그 중간 정도의 성질로, 가전이나 금속의 도장에 사용한다. 가죽이나 패브릭 등 다양한 질감 등을 낼 수도 있다.

이외에 **유동침적법, 정전 유동침적법, 용사도장법**이 있다. **유동침적법**은 분체도료가 담긴 통에 가열한 물체를 집어넣은 뒤, 공기, 질소가스를 불어넣으면 날린 가루가 표면에 녹아 붙어 도막을 형성하는 방법이다. 분사 방법이 어려운 선형 부재나 망, 파이프에 많이 쓰인다. **정전 유동침적법**은 유동침적법과 같은 방법이지만 소재를 가열하는 대신 정전식처럼 자기장을 만들어 도장한다. **용사도장법**은 아예 도장기에서 고온의

스프레이를 사용해 분체도료를 표면에 뿌린 뒤 160~210℃의 고온으로 가열하면 분말 입자가 녹으면서 도막을 형성한다.

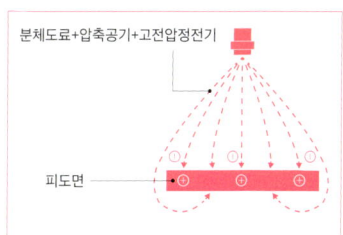

분체도료+압축공기+고전압정전기

피도면

정전 분체도장의 원리

가스로 분체도료를 녹이면서 분사한다. 따로 입자를 녹일 필요가 없어 현장 시공이 가능한 것이 장점으로 금속뿐 아니라 전기가 통하지 않는 콘크리트와 세라믹 소재의 표면에도 칠할 수 있다.

분체도장으로 도막을 입힌 아파트의 계단 난간.

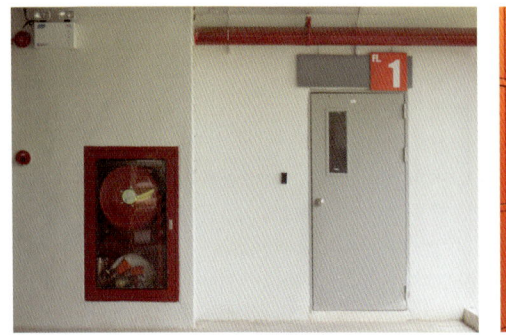

건축에서는 주로 철제 방화문, 창틀, 캐비닛 같은 금속 재료에 분체도장으로 시공한다.

가구의 매끈한 표면을 만드는

UV도장

UV(Ultraviolet Ray)도장은 하이그로시(High Glossy) 도장 중 하나로 주방 조리대의 상판이나 수납장의 문짝 등에 주로 쓰이는 방식이다. 참고로 하이그로시는 물체를 도장하거나 시트지로 코팅해 유리나 플라스틱처럼 매끈한 표면을 만드는 것이다. 가장 기본적인 방법은 우레탄 도장으로, 우레탄페인트(Pce05, Pwo06)에 경화제와 시너를 섞어 스프레이로 칠한 뒤 표면을 갈아내 광택을 만든다. 하지만 건조에 시간이 오래 걸리고 가공하는 데 인건비가 많이 들기 때문에 이를 대체하기 위해 UV도장을 개발했다.

UV도장은 자외선을 쬐면 굳는 특수도료인 UV도료를 이용한다. 커튼처럼 흘려 칠하는 커튼코트(Curtain Coat) 공법으로 도장한 다음, 360~400㎚의 자외선을 쬐어 단시간에 굳힌다. 몇 초 만에 굳으므로 생산성이 매우 높고 건조설비가 따로 필요하지 않아 경제적이다. 페인트 손실이 적고, 작업하다 남은 페인트는 다시 쓸 수 있다. 열을 가하면 변형되는 열가소성 플라스틱 위에도 도장이 가능하다. 균일한 품질을 내므로 공장 라인화 시스템에 적합하며 변색이 없다는 것이 가장 큰 장점이다. 하지만 평평한 면에만 도장이 가능해 합판이나 MDF에 주로 사용한다.

자동차와 가전에 시공하는

전착도장·PCM도장

전착도장은 물을 섞어 희석한 페인트에 칠할 물체를 담근 뒤, 정전 분체도장과 같이 페인트와 반대 전하를 갖도록 전류를 흘려 도장하는 방법이다. 국내에는 자동차 도장에 처음 도입되었으며, 자동차 차체나 크기가 작은 금속 부품 도장에 많이 사용된다. (+)극을 띠는 금속 이온을 (-)극에 붙게 하여 표면에 금속을 덧대는 도금과 비슷한 원리다. 페인트를 바르는 것이 아니라 담그기 때문에 기존의 방법으로는 칠하기 힘들었던 부위에도 구석구석 균일한 도막을 만든다. 전착도장에 쓰이는 페인트는 물을 섞는 수용성 페인트로 용제의 양이 적고 농도도 낮아 화재의 위험이 적으며, 친환경적이기도 하다. 그러나 자외선에 약해 옥외에 사용할 때에는 별도의 상도 도장이 필요하다.

PCM은 'Pre Coated Metal'의 약자로 미리 도장한 강판을 뜻한다. 일반적으로 제품은 모든 가공이 끝난 후, 마지막에 도장하여 표면을 입히는데, 이와 반대로 도장을 먼저 하고 이를 가공하여 제품을 만드는 방식을 PCM도장이라 한다. 제각기 형태가 다른 완제품이 아닌 평평한 강판에 도장하므로 속도가 빠르고 생산성이 높으며 도장에 필요한 설비 규모가 작아 경제적이다. 과거에는 주로 건축 내·외장재

UV도장은 UV도료를 뿌린 뒤에 자외선을 쪼여 도막을 굳힌다.

도장에 사용되었으나 요즘은 세탁기, 전자레인지, 냉장고 등 가전제품 표면의 대부분이 이 방법으로 만들어진다.

UV도장은 주방 조리대의 상판이나 수납장의 문짝에 매끈한 표면을 만드는 데 주로 쓰이는 방식이다.

Issue of Paint

인터뷰어 정경화 인터뷰이 김진국

알고 쓰는 친환경 페인트

셀프 인테리어 열풍과 함께 친환경 페인트에 대한 수요와 소비자의 궁금증은 계속 커져간다. 삼화페인트 건축도료팀의 김진국 책임연구원을 만나 친환경 페인트의 정의와 올바른 기준, 나아갈 방향에 대해 물었다.

감씨(감) 친환경 페인트에서 '친환경'의 정의를 짚어보아야 할 것 같다.

김진국(김) 페인트에서 친환경은 환경에 미치는 영향을 최소화하여 그대로 보존하는 것이다. 실내에만 국한하지 않고 대기 환경 전체에 해를 끼치지 않는 것을 목표로 한다. 우리는 그것을 어떤 방식으로 달성할 것인가에 대해 고민하고 연구한다.

감 소비자 입장에선 친환경 페인트 하면 인체에 무해한 제품을 떠올린다. 제조사와 소비자 사이에 간극이 있다.

김 페인트의 역할은 햇빛, 바람 등 외부 환경으로부터 표면을 보호하고 치장하는 것이다. 이 역할에 가장 적합한 것은 유성페인트다. 기름을 주성분으로 하여 뛰어난 은폐력을 지닌 단단한 도막을 만든다. 유성페인트는 환경과 인체에 유해한 휘발성 유기화합물Volatile Organic Compounds, VOC을 발생시킨다. 그래서 용제로 물을 사용해 친환경적으로 만든 것이 수성페인트Pce01이다. 최근 생활과 밀접한 건축물이나 시설물은 대부분 친환경 페인트를 사용하고 있으며, 자동차, 핸드폰 등에 바르는 페인트도 친환경 제품으로 전환되는 추세이다. 하지만 수성페인트는 유성페인트와 비교했을 때 물성이 약하다는 단점도 있다. 이는 친환경 페인트로 전환되는 현재 시장 상황에서 도료 회사가 계속해서 개선해 나갈 숙제이다. 친환경 페인트를 만드는 과정은 단순히 유해 물질을 빼는 것 외에 대체할 물질을

조합하여 원하는 품질을 내는 것까지 포함한다. 하지만 소비자는 이러한 부분까지 알지 못하므로 때로 친환경 페인트가 먹고 발라도 될 정도로 인체에 무해해야 한다고 생각한다. 소비자가 원하는 기준과 차이가 생길 수밖에 없다. 그러나 방향은 동일하다. 기존 제품보다 덜 유해하게, 더 친환경적으로 계속해서 연구 개발하고 있다.

감 친환경을 결정하는 요소는 무엇이며 인체와 환경에 어떤 영향을 미치나?

김 첫 번째는 앞서 말한 휘발성 유기화합물이다. 유성페인트의 용제로, 페인트가 친환경 규제를 받게 된 주요 요인이기도 하다. 공기 중으로 휘발되면서 자동차의 배기가스와 같이 악취나 오존을 만들고, 피부 접촉이나 호흡을 통해 인체에 들어가면 부정적 영향을 줄 수 있다. 따라서 실내 공기질 차원에서 관리하는 물질인 VOCs, 톨루엔, 포름알데히드와 벤젠, 톨루엔, 에틸벤젠, 자일렌, 스타이렌은 5VOC로 HB인증에서 따로 규제 한다. 두 번째는 납, 카드뮴, 수은, 비소 등의 중금속이다. 이들은 아토피 피부염이나 천식, 심하면 마비 증상을 일으키기도 한다. 국내 환경마크 인증 기준에서는 납, 카드뮴, 수은 및 6가 크로뮴Cr^{6+}과 같은 중금속의 합을 전체 질량의 0.1% 이하로 규제한다. 첨가제에 사용되는 암모니아, 용제에 쓰이는 할로겐탄화수소도 유해한 물질로 분류해 사용을 금지하고 있다.

감 국내의 기준에는 어떤 것이 있나?

김 환경부 한국산업환경기술원의 환경마크, 한국공기청정협회의 HB인증, 한국표준협회의 로카스 인증이 대표적이다. 환경마크 인증은 정부 공인 기준으로 휘발성 유기화합물에 대해 함유량과 방출량을 함께 규제한다. 함유량은 페인트 1L에 함유된 휘발성 유기화합물의 양을 그램(g)으로 규제한 것으로, 페인트의 종류와 부위, 바탕면의 소재에 따라 그 기준이 조금씩 다르다. 철재면의 상도에 바르는 수성페인트는 기준이 180g/L 이하, 래커계 유성페인트는 230g/L 이하이다. 반면 콘크리트면의 경우, 상도에 바르는 에멀션 페인트는 무광 35g/L, 유광 70g/L 이하로 더 까다롭다. 방출량은 공기 중에 휘발된 VOC가 남아 있는 정도로 실내의 공기 질을 판단하는 기준이다. 실내에 페인트를 칠하고 7일이 지난 후 공기

친환경 페인트에 내구성을
높이는 유기 용제 성분을
적절히 배합하여 물성을 계속
실험한다.

친환경을 만족하면서도 기존의
물성을 내는 대체 물질을 찾는
것이 가장 어렵다.

중에 남아 있는 휘발성 유기화합물 양을 mg단위로 측정한다. 방출량에 대한 기준도 유성페인트는 0.8mg/㎡·h 이하, 퍼티는 4.0mg/㎡·h 이하로 페인트의 종류에 따라 다르다. 흔히 관공서에서 말하는 친환경 제품은 이 환경마크가 있는 제품으로, 소비자가 친환경 제품 여부를 확인할 때에는 제품 라벨에서 이 인증마크를 찾아보면 된다.

HB인증은 한국공기청정협회에서 시행하는 인증제도로 VOC의 방출량을 측정하여 최우수, 우수, 양호의 3등급으로 나누어 인증을 부여한다. 로하스 인증은 친환경 제품의 품질보다는 지속적인 생산, 관리에 초점을 두어 해당 제품을 생산하는 기업에 주는 인증이다.

삼화페인트에서는 앞서 말한 환경마크 인증, HB인증에 집중하고 있으며, 그중에서도 공신력 있는 환경마크 기준에 더 많은 주의를 기울인다.

감 항간에 수입 브랜드가 더 친환경적이라는 소문이 있다.

김 각 나라의 환경에 더 적합하도록 조금씩 다를 뿐 큰 차이는 없다. 국내의 친환경 인증 자체가 유럽의 기준을 가져와 국내 환경에 맞추어 조금씩 바꾸어 만든 것으로 그 틀은 거의 같다. 휘발성 유기 화합물의 경우, 방출량은 미국보다 국내 기준이 더 까다롭고 함유량은 국내보다 미국이 까다롭다. 아무래도 수입 친환경 브랜드가 친환경 페인트 시장을 먼저 선도해갔기 때문에 수입페인트가 더 친환경적이라는 인식이 형성된 것 같다.

감 국내 인증에서 개선되어야 할 점은?

김 페인트는 산업 제품이므로 친환경 인증과 별개로 점도, 내후성, 접착력 등의 품질 기준인 KS 규격을 만족해야 한다. 그런데 이 두 가지 기준을 함께 충족하기가 어렵다. 일단 KS 규격은 제품에 필요한 성분을 빠짐없이 갖추어 좋은 품질을 내는 것을 목표로 한다. 바르는 소재면과 특성에 따라 페인트의 종류를 구분하여 제품에 요구되는 성분과 비율까지 명시되어 있다. 심지어 필요한 품질을 내기 위해 중금속

함량이 얼마 이상이 되어야 한다는 규정도 있다. 반면 친환경 인증은 중금속이나 휘발성 유기화합물 같은 유해 물질을 페인트에 사용하지 않도록 규제한다. KS 규격에서는 품질을 위해 넣기를 요구하는 성분을 친환경 인증 기준에서는 유해한 물질이니 빼라고 하니 모순이다. 그래서 친환경 페인트를 개발해놓고도 KS 규격의 물성 기준을 통과하지 못해 제품이 출시되지 못한 경우도 있다. 두 기준에 대해 상호 보완이 필요하다.

감 친환경 페인트의 내구성이나 물성을 보완하기 위한 연구나 개발 과제에는 어떤 것이 있나?

김 유성페인트는 품질이 우수한 대신 환경에 나쁘다. 수성페인트는 친환경이지만 유성페인트는 품질 면에서 우수하나 친환경 기준에 부합하지 못한다. 그래서 유성페인트를 수성화 하며 물성과 내구성을 유지하는 방법을 연구하고, 수성페인트의 품질을 향상시키는 방법을 고민한다. 초창기 친환경 페인트 경우 기존 유성페인트보다 물성이 많이 떨어지는 편이었으나 현재는 거의 비슷해졌다. 유성페인트와 비교해도 품질 차이가 없는 친환경 수성페인트를 만드는 것이 도료회사의 목표이다. 또 다른 대안은 용제를 아예 쓰지 않는 무용제 도료다. UV도료는 자외선으로 경화하므로 휘발되며 도막을 경화시키는 용제를 쓰지 않는다. 분체 도료도 분말 형태로 바로 분사하여 칠하므로 용제가 필요 없다. 이들도 친환경 페인트의 부류 중 하나다.

감 가정에서 흔히 쓰는 내장용 수성페인트 외에 상용화한 친환경 제품은 무엇이 있나?

김 유성을 수성화한 제품에는 칠판페인트, 수용성 우레탄 바닥재가 있다. 수용성 우레탄 바닥재는 유성 물질인 우레탄을 수성화한 것으로, 휘발성 유기화합물이 훨씬 적다. 철재나 현관문에 바르는 에나멜페인트 Pme02, Pwo05가 수성페인트로 상용화 된다면 가정에서도 많이 사용될 것이다. 아직 상용화되지는 않았지만 연구 중인 제품으로는 에나멜 수성페인트가

국내의 대표적인 친환경 페인트 인증마크 3개. (왼쪽부터) 환경마크, HB인증, 로하스 인증.

있다. 에나멜페인트는 철재, 목재에 주로 사용되는 유성페인트로 특히 아파트 방화문에 많이 칠한다. 이를 수성화하는 연구다. 유치원에서 아이의 손이 닿는 가구나 벽에는 손을 다치지 않도록 매끈한 질감의 에나멜페인트를 써야 한다. 하지만 법규에서는 유치원에 수성페인트를 사용하라고 명시되어 있다. 이러한 경우에 에나멜 수성페인트가 대안이 될 수 있다.

감 친환경 페인트 연구나 개발에 있어 가장 어려운 점은 무엇인가?

김 친환경을 만족하면서도 기존의 물성을 유지하는 것이 가장 어렵다. 어떤 물질을 빼면 그 역할을 대체할 것을 넣어줘야 한다. 이론으로는 간단해 보이지만 여러 반응과 성능을 함께 만족해야 하므로 변수가 많다. 자연에서 추출하거나 인체에 무해한 재료는 가격도 높다. 원료 자체도 외국에서 들여오는 것이 많고 관리도 따로 하므로 이것이 높은 가격으로 이어진다.

감 향후 친환경 페인트 시장을 바라보는 전망이 궁금하다.

김 환경에 대한 인식이 높아짐에 따라 친환경 페인트에 대한 수요도 지속적으로 늘어날 것이다. 장기적으로는 모두 수성페인트로 바뀔 것이다. 정부에서도 유성페인트를 더 엄격하게 관리하는 추세다. 이에 대한 대비가 필요하다. 기존의 수성페인트는 현재보다 유해 물질을 덜 사용하여 더 친환경적으로 만들고 물성을 높여서 소비자의 수요를 만족시키는 중요한 과제가 있다. 기술자의 입장에서 더 획기적인 방법은 유성페인트를 수성화하는 것이다. 이것이 가장 큰 숙제이자 목표다.

취재협조
삼화페인트 건축용도료 연구개발부서 031-499-0394

2

Color Trend Issue

Potential of Color
공간과 색의 즐거운 만남

글 정경화

색은 친근하면서도 즉각적이다. 일차원적으로 명확하게 의미를 전달하고, 사람의 감성을 자극한다. 건축재료로서 페인트의 강력한 힘은 바로 이러한 '색'을 자유롭게 표현할 수 있다는 것. 우리의 심리에 깊숙이 자리 잡은 공간 속 색에 관한 이야기를 거장의 건축, 상업 공간의 인테리어, 그리고 브랜딩을 통해 전한다.

공간의 색을 3차원으로 이끌어낸
르 코르뷔지에

색은 사용자의 머릿속에 이미지를 견고하게 새기는 좋은 도구다. 특히 공간에서 색은 조금만 사용해도 그 효과가 확실하다. 르 코르뷔지에Le Corbusier는 색의 중요성을 일찍이 알아보고 공간에 적용한 건축가다. 빌라 사보아, 롱샹 성당 같은 백색의 작품이 많아 '백색의 건축가'로 불리지만, 그가 설계한 건물을 자세히 들여다보면 군청색, 분홍색, 황토색의 다양한 색을 사용했다는 사실을 알아챌 수 있다.

그는 공간에서 색이 사용되는 위치와 정도에 따라 같은 색이라도 전혀 다른 효과를 낸다는 것을 발견하고, 공간 속 색채의 역할을 세 가지로 정리한다. 첫 번째는 공간을 수정하는 역할이다. 밝은색을 칠해 공간을 실제보다 더 커 보이게 확장하거나, 어두운색을 사용하여 더 작아 보이게 하는 것이 대표적이다. 또 비슷하거나 대조되는 배색으로 공간의 경계를 흐리거나 또렷이 하는 기법을 사용한 것이 눈에 띄는데 이는 공간의 요소를 구분하고 위계를 조절하는 색채의 두 번째 역할이다. 앞서 말한 두 가지 역할이 일종의 착시 효과로 사용자가 시각적으로 인지하는 공간을 조절하는 것이라면, 마지막 역할은 우리의 감성에 직접 작용한다. 붉은색은 심장을 뛰게 하고 파란색은 들뜬 마음을 가라앉히듯 색은 우리의 심리와 감정을 능수능란하게 조절한다. 르 코르뷔지에는 이런 원칙을 여러 작품에도 적용하여 다양한 색채로 공간감을 조절한다. 프뤼제 주거단지Cite Fruges에서는 간격이 매우 협소한 건물 동 사이의 입면에 백색과 고동색을 번갈아 사용해 실제보다 넓고 확장되어 보이도록 연출했다. 또 빌라 잔느레Villa Jeanneret 3층의 좁고 긴 거실과 식당의 벽면에는 분홍색, 연두색, 백색을 번갈아 칠해 이용자의 시선이 공간의 크기와 형태보다는 색에 집중하게 했다. 덕분에 좁고 긴 모양의 방이 답답하게 느껴지지 않고 오히려 넓고 열린 공간으로 인식된다.

이전 시대의 공간 속 색에 대한 접근이 도면에 칠해진 색을 대하듯 2차원적인 방식이었다면, 그는 이 회화적 관점에서 벗어나 실제 사용자가 경험하는 3차원 공간 속에서 색을 바라본 건축가다.

©David Pachali

르 코르뷔지에가 설계한 유니테 다비타시옹(1952)은 각기 다른 색으로 칠한 14개 유닛으로 이루어진 복합주거 건물이다.

르 코르뷔지에는 유니테다비타시옹에서 난간의 측면과
각 유닛의 정면에 다양한 색을 칠해 유닛의 조합으로
전체를 구성하는 형태를 인지하게 했다.

감성을 자극하는 색의 마술사
리카르도 레고레타

색채를 더 적극적이고 강렬하게 사용한 건축가도 있다. 리카르도 레고레타Ricardo Legorreta는 빛과 색, 물을 이용해 강렬하면서도 감성적인 공간을 만드는 멕시코의 대표 건축가다. 멕시코에서는 건조한 기후에서 태양 빛을 잘 반사하기 위해 건물에 화려한 색을 칠해왔다. 이 화려한 색감은 오랫동안 이어지며 멕시코의 지역적, 건축적인 특성을 드러내는 중요한 요소가 되었다.

그의 건축 역시 색에서 시작해 색으로 완성된다. 그가 주로 쓰는 색은 파란색, 노란색, 분홍색으로 모두 멕시코를 닮은 짙고 몽환적인 느낌이다. 따뜻하고 강렬한 색채는 보는 이의 마음을 움직이며 마치 지구상에 존재하지 않는 다른 세계에 와 있는 듯한 분위기를 만든다. 1968년에 지어진 그의 대표작, 카미노 레알 폴란코 호텔Camino Real Polanco Hotel에 들어서면 주조색인 노랑 벽과 분홍색의 격자 벽이 원형의 수공간을 둘러싸고 있다. 부산스러운 도시의 중심에서 갑자기 다채로운 색감으로 가득한 미술관에 들어온 듯한 느낌이다. 주요 공간인 블루라운지는 잔잔한 수면 위에 떠 있는 공간에 벽은 온통 푸른색이다. 푸른 벽은 수공간의 효과를 극대화하며 공간의 힘을 집중한다. 지금은 철거되어 사라진 그의 유작, 제주도 서귀포에 있던 더 갤러리 카사 델 아구아The Gallary Casa del Agua는 단순한 조형미에 햇빛에 따라 시시각각 변하는 분위기가 어우러지며 풍부한 색감이 주는 효과를 극대화했었다. 그의 건축에서 우리는 색이 주도하는 공간의 분위기와 그로 인한 감정의 변화를 드라마틱하게 경험할 수 있다.

카미노 레알 폴란코 호텔의
메인 공간인 블루라운지.

리카르도 레고레타가 설계한 카미노
레알 폴란코 호텔(1968)에 들어서면
노란 벽과 분홍 격자벽이 원형의
수공간을 둘러싼 모습을 마주한다.

색으로 먼저 기억되는 브랜드
스타벅스

현대에서 색의 활용은 그 범위가 더욱 확장되어간다. 삼성은 파란색, 코카콜라는 빨간색과 같이 기업은 브랜드를 대표하는 색상을 선정하여 주된 마케팅 요소로 활용하고 있으며, 인테리어에 색채를 사용하는 것도 점점 더 일반적인 사례가 되고 있다. 튀는 색상으로 깨알 같은 포인트를 주던 조연 역할을 넘어서 공간과 브랜드 로고, 제품 패키지, 간판의 글씨 색깔까지 같은 색으로 맞추며 공간의 분위기를 주도하는 주연이 된 지 오래다. 특히 상업 공간의 경우, 인테리어 마감재로 페인트를 사용하면 쉽고 저렴하게 공간의 '메이크오버'가 가능하기 때문에 더욱 사랑받는다.

색을 영리하게 활용해 브랜드의 아이덴티티를 만든 사례도 있다. 세계적인 커피전문점 스타벅스다. 스타벅스 매장에서는 아이보리색이 바탕 역할을 하고, 짙은 갈색은 주제색이

'컬러 속에 머물다'를 콘셉트로 만들어진
벨기에 브뤼셀의 팬톤 호텔(2010).

팬톤 호텔은 각각 컬러 테마가 있어 침구,
천장과 벽의 프린팅까지 하나의 콘셉트로
꾸며진다.

7개 층마다 빨강, 보라, 연두 등의 다른
컬러를 적용해 투숙객이 취향에 따라 공간을
고를 수 있다.

스타벅스를 떠올리면 주제색인 짙은 초록색이 머릿속에 함께 새겨진다.

분명히 드러나도록 돕는 보조 역할을 맡는다. 그리고 주제색은 우리가 기억하는 짙은 초록색이다. 이 색상은 로고에도 동일하게 사용되며 브랜드 고유의 아이덴티티를 주도한다. 그러나 실제 공간에서 색이 사용되는 비율을 계산해보면 우리가 가장 먼저 떠올리는 주제색의 사용 비율은 5%에 불과하다. 기업의 이미지나 공간에서 브랜드 색상의 사용 비율은 모두 여러 연구와 실험을 거쳐 정교하게 계산된 결과다. 이러한 방법 덕분에 우리는 브랜드의 이름만 떠올려도 그 색상이 머릿속에 함께 새겨진다.

객실에 비치된 용품도 모두 각자의 팬톤 컬러를 지닌 팬톤 유니버스 제품이다.

공간에 색의 향연을 펼치다
팬톤

팬톤에서는 더 적극적으로 공간에 색을 펼쳐놓는다. 팬톤은 1963년 개발한 '팬톤매칭시스템PMS'으로 색의 표준을 만든 색채 전문 기업이다. 이전까지 다르게 이름 붙여져 소통되지 않던 색채의 세계에서 이들은 색상마다 고유번호를 붙여 자체 색 체계를 만들었다. 이것이 전 세계에서 공통적인 컬러의 언어로 통용되며 팬톤은 색의 역사에 큰 획을 긋는다.

매년 '올해의 컬러'를 발표하며 색채산업을 주도하는 팬톤은 2010년, 벨기에 브뤼셀에 오픈한 팬톤 호텔을 시작으로 공간과 라이프스타일까지 그 영역을 확장하고 있다. 팬톤 호텔은 '컬러 속에 머물다Stay In Colour'를 콘셉트로 색과 브랜드를 공간으로 경험한다. 건축가 올리비에 아나에르Olivier Hannaert가 설계하고 인테리어 디자이너 미셸 펜망Michel Penneman이 디자인하였으며, 팬톤의 색상 테마를 지닌 59개의 객실을 보유하고 있다. 층층이 다른 색상의 테라스 유리 난간에서도 볼 수 있듯 7개 층마다 빨강, 보라, 연두 등의 다른 색을 적용해 투숙객의 취향에 따라 객실을 고를 수 있다. 실내에 비치된 용품도 모두 각자의 팬톤 색상을 지닌 팬톤 유니버스 제품이다.

팬톤 호텔이 색채와 함께하는 색다른 라이프스타일을 경험하는 곳이라면 모나코의 팬톤 카페는 눈과 입으로 함께 즐기는 공감각적인 공간이다. 매년 여름 7월에서 9월까지 팝업스토어로 열리는 이곳에서 판매하는 모든 식음료에는 각각의 팬톤 컬러가 있다. 오렌지 주스에는 16-1360 Vibrant Orange 색의 라벨이 붙어 있고, 초콜릿 에끌레어는 19-0912 Chocolate Brown 색의 포장지로 싸여 있어 입에 넣기 전 눈으로 먼저 맛보는 이색적인 경험을 유도한다. 색으로 채워진 공간에서 색을 먹고 마시며 색과 함께하는 의식주를 경험하기 위해 이곳을 찾는 이들로 팬톤 호텔과 카페는 늘 분주하다.

Color Solution

장소와 상황에 어울리는 주거공간 색채 제안

글 김향란
(삼화페인트 컬러디자인센터장)

공간 전문가부터 DIY에 도전하는 소비자까지. 건축과 인테리어에 두루
사용할 수 있는 장소와 상황별 컬러 가이드를 제안한다.

장소place별 색채 제안

주거공간을 대표하는 6곳을 설정했다.
공간의 용도와 성격에 어울리는 색을
살펴보자.

현관 집에 들어가기 위한 첫 번째 관문으로
밝고 깨끗하게 만드는 것이 좋다. 내부와
외기가 만나는 지점으로 풍수지리적으로 볼
때 금전운을 높일 수 있는 장소이다. 금색의
소품을 놓거나 작품을 걸어두는 것도
좋으며, 거울은 현관 정면에 두기보다는
오른쪽 혹은 왼쪽에 두어 좋은 기가
빠져나가는 것을 방지하는 것이 좋다.

거실 집의 전체적인 분위기를 좌우하고,
가족 구성원과의 관계도 파악할 수 있는
집의 중심 공간이다. 거실이 어떻게
구성되어 있는지에 따라 가족 간의 관계나
가정 분위기를 파악할 수 있기도 하다.
생활에 편안한 느낌을 더하고 싶다면
근육의 긴장을 완화하고 차분함을 줄 수
있는 초록계열의 색상이 좋다. 벽면에
사용하여 편안함을 주기도 하고, 가구나
러그, 패브릭으로 효과를 낼 수도 있다.
흰색에 가까운 밝은 색상 혹은 연한 회색을
주조색으로 사용하고, 포인트를 줄 수 있는
벽면에 톤다운된 초록색을 사용하는 것도
좋다. 반대로 공간에 활기를 불어넣는
주황색을 적극적으로 사용하는 것도 좋고,
자존감이 떨어진 자녀가 있을 경우 노랑이
더욱 효과적이다.

활기와 자신감을 불러일으키는 노랑과 주황으로 채색된 거실.

자연소재인 원목 바닥과 목가구를 사용해 편안한 분위기로 연출한 거실.

안정감을 주는 파란색과 녹색을 활용해 연출한 침실.

청결한 느낌을 주는 흰색과 하늘색을 사용하고 나무 소재로 포인트를
주어 편안한 분위기로 연출한 욕실.

침실 재충전을 하기 위한 편안함이 전제가
되어야 하는 공간이다. 숙면에 방해가 되는
노랑이나 주황색보다는 초록, 파란색을
추천한다. 파란색과 보랏빛 파랑, 초록 등의
색채는 뇌를 안정시키는 물질을 분비하기
때문에 혈액순환을 도와 마음을  차분하게
한다. 불면증에 시달릴 경우 이 색이 가미된
패브릭을 이용하는 것도 좋은 해결책이다.
또한 집중력을 높여주기 때문에 수험생
자녀를 둔 부모에게는 더할 나위 없이 좋은
색채 솔루션이다.

그러나 만약 아이가 자존감이 낮고
우울한 기질이 있다면 아이방에 파랑은
최악의 색이다. 오히려 노랑이나 빨강,
주황색을 사용하는 것이 바람직하다.
소극적이고 경계심이 많은 아이에게는
노란색을, 폭력성이 강하거나 우울증이 있는
자녀가 있다면 분홍색을 추천한다.

주방 온가족이 둘러앉아 음식을 나누며
편안히 소통하는 공간이 바로 주방이다.
주방은 식욕을 돋우고 건강한 삶을 위한
기반이 되는 공간으로, 이곳에는 주황색을
포인트로 두는 것을 제안한다. 긍정적인

심리를 가지게 하고, 무기력증 개선에
도움을 주기 때문에 벽면에 사용한다면
긍정적인 효과를 볼 수 있다.

욕실 하루의 피로를 씻어내고 휴식을
취하는 공간이다. 회색과 톤다운된 초록색을
함께 사용하여 차분하고 편안한 공간을
연출하길 권한다. 중립적이며 이성적인
느낌을 주는 회색은 여러 분야에 활용성이
높은 색채이다. 이 색은 성별에 제한을
두지 않는 어린이들의 의류에도 사용될
정도로 그 범위가 넓어지고 있다. 포인트로
기하학적인 패턴이 있는 파란색을 한쪽
벽면에 활용하면 심신에 안정을 취할 수
있는 공간을 만들 수 있고, 대지의 느낌을
주는 밝은 브라운 타일 역시 편안함을 주는
색채로 사용할 만하다.

상황occasion별 색채 제안

프랭크 지버트Frank Gehert는 "색은 심리학적, 생리학적으로 주변 환경에 영향을 준다"고 말한다. 사용자의 심리에 작용하여 문제상황에 도움을 주는 색채 솔루션을 제안한다.

우울증이 심한 경우 분홍색은 오감을 자극하여 불안감을 해소하고 애정도를 높이는 색으로, 우울증이 있는 상태라면 핑크는 최적의 색이다. '핑크요법'이라는 것이 있을 정도로 분홍색은 화합과 균형, 조화를 위한 색이다. 과거 폭력성이 심한 수감자들을 핑크요법으로 치료해 폭력성을 완화한 사례가 있으며, 핑크호흡법을 통해 회춘한 연구결과도 있다.

자존감이 부족한 경우 성장기의 아이에게서 흔히 볼 수 있는 상황으로, 집안 환경이나 상황으로 자존감이 떨어져 학업 성취도와 교우 관계 등이 안좋은 경우가 있다. 이 경우에는 벽면 색으로 노란색을 적극적으로 사용하길 권한다. 노랑은 감각을 자극하여 자신감을 회복하는 데 도움을 주고, 활달한 자아를 찾을 수 있도록 활기를 불어넣는 기능을 한다. 또한 신체의 활동을 왕성하게 만들어주기 때문에 밝은 에너지를 불어넣기에 적합하다.

부부 간의 애정이 부족한 경우 잦은 불화로 서로 간의 스킨십이 부족하여 생기는 불협화음의 경우 빨간색을 활용해보자. 교감신경을 자극하고 혈류 속에 아드레날린 분비를 활성화하여 에너지를 끌어올리는 기능을 하며 심지어 극심한 피로에 시달리는 사람에게 활기를 줄 수도 있는 색이다. 피곤하다는 이유로 혹은 바쁘다는 이유로 거리감이 생겼다면 한쪽 벽면을 과감하게 붉은색으로 칠하여 둘 사이의 심리적인 거리를 줄이는 방법도 좋다. 단 너무 많은 면에 활용하게 되면 산만하고 답답해 보일 수 있으므로 유의해야 한다.

식욕이 없는 경우 주황색은 빛의 파장이 비교적 길기 때문에 아드레날린 분비를 활성화하고 긍정적 에너지를 심어준다. 우울한 기분으로 식욕이 떨어졌거나 의욕을 상실해 입맛이 없을 때 식욕을 증진해준다. 주방의 싱크대나 다이닝룸의 포인트 벽면에 적용하길 추천한다. 만약 벽면 혹은 싱크대의 색을 바꿀 수 없다면 작은 소품들이 주황색을 머금고 있도록 하는게 좋다. 개성 있는 화기나 식기류, 조명 등을 이용하는 것도 기분 전환에 도움을 준다.

집중력이 떨어진 경우 장시간 집중해야 하거나 불안감이 클 경우에 도움이 되는 색이 바로 파란색이다. 에너지를 정제해 집중력을 높여주는 색으로 뇌를 안정시키는 물질을 분비하여 혈액순환을 정상으로 회복시키고, 마음을 차분하게 진정시켜 불면증을 개선한다.

창의력이 필요한 경우 생각이 계속해서 맴돌고 딱히 뾰족한 아이디어가 떠오르지 않을 때 도움되는 색이 바로 노랑이다. 다른 색에 비해 두뇌활동을 매우 활발하게 자극하는 색으로 교감, 부교감 신경에 영향을 주기 때문에, 업무나 생각이 정체되어 있을 때 노란색을 보거나 자극을 받으면 도움이 된다.

다이어트 중인 경우 체중감량은 현대인의 대표적인 고민 중 하나일 것이다. 이때 색을 바꾸는 것으로도 식욕 조절을 도울 수 있다. 식욕을 돋우는 색은 주황, 빨강 등 장파장 계열로, 색채가 신체활동을 왕성하게 해주기 때문에 식욕도 따라서 늘어난다. 그러나 한색인 파랑, 초록, 보랏빛 파랑 등의 색채는 신경계를 안정시켜 먹는 양을 줄여준다. 섭취량이 적어지니 자연스레 살이 빠지는 효과도 볼 수 있는 것이다. 조명과 식기류, 주변 환경의 색을 바꾸는 것을 추천한다.

'핑크요법'이 있을 정도로 분홍은 화합과 균형을 위한 색이다.

아이들의 자존감을 높이고 집중력 향상을 돕는 노란색을 공부방에 적용했다.

파란색은 신경계를 안정시켜 차분한 상태로 만들어준다.

취재협조
삼화페인트 컬러디자인센터 scd.spi.co.kr

Opinion
공간에서 색의 역할과 기능

인터뷰어 정사은
인터뷰이 김향란

사람의 심리에 즉각적이고 직관적으로 영향을 미치는 색채. 공간에서 색의
역할과 기능을 색채 전문가에게 물었다. 공간에 어울리는 색을 고르고
매칭하는 가이드도 함께 전한다.

갑씨(갑) 우리 주위를 둘러보면 여러 색채가 곳곳에 다양하게 쓰인 것이 눈에 띈다.
공간에서 색의 중요성은 어느 정도인가?

김향란(김) 색은 비단 주거에서뿐 아니라 일상생활에서 중요한 기능과 역할을 한다.
색채학자인 루이스 체스킨Louis Cheskin은 "인간 행위의 90%는 감정에 의해서 유발되고,
10%는 이성에 의해 유발된다"고 말했고 미국의 사회과학자이며 브랜드에 아이덴티티
개념을 최초로 제시한 데이비드 아커David Aaker는 "색은 시각적, 심리적인 효과가 매우 큰
요소"라고 정의했다. 감정을 자극하는 인간의 오감 중 시각이 87%를 차지하고 나머지
요소들 즉 청각이 11%, 촉각, 후각, 미각을 합쳐 2%인 것을 보았을 때 인간의 행동과
심리에 눈을 통한 자극이 가장 많은 부분을 차지함을 알 수 있다. 시각적 자극이 그만큼
중요하다는 의미다. 그런데 이 중 색이 차지하는 비중은 시각의 87% 중 57%에 달한다.
색채의 중요성을 알 수 있는 대목이다.

삼화페인트 컬러디자인센터장 김향란

갑 사람의 인지나 심리에 색채가 미치는 영향은 어떠한가?

김 색채를 포함한 모든 시각 정보에 대해 우리가 하루 동안 받아들이는 양은 과연 얼마나 될까? 캘리포니아 대학교의 로저본 교수는 하루 동안 노출되는 정보량을 평균으로 산정하여 측정한 데이터를 발표했는데, 성인 기준으로 하루에 약 10만 500개의 단어를 듣거나 읽는 것으로 조사되었다. 이 정보를 디지털 데이터로 환산하면 약 34기가바이트다. 엄청난 숫자가 아닐 수 없다.

디자인과 형태에 대한 판단은 이성적이지만, 색채에 대한 반응은 감정적인 영역이다. 따라서 개인의 호불호에 따른 영향을 많이 받을 수 있는 분야이기도 하다. 그만큼 '본다'는 행위는 '감정'과 연결되어 있음을 알 수 있다. 우리는 수천만 가지의 색채 정보를 본인의 의지와 관계없이 순식간에 받아들인다. 빛이 있는 공간에서는 어김없이 말이다. 색채 정보는 다른 정보에 비해서 순응의 속도가 빨라 시각적 공해를 느끼더라도 뇌에서는 공해라고 인식하지 않지만, 눈의 망막은 쉴 새 없이 정보를 읽어 들인다. 미간이 찡그려지고 눈길을 피하게 되는 색의 조합은 불안함을 자극하는 것이다. 편안함을 위한 공간에는 안락한 의자 하나만이 아니라 편안함을 느끼게 해주는 색채도 함께여야 한다.

갑 색이 감각을 형성하는 데 큰 역할을 한다는데, 구체적인 예를 함께 설명해 달라.

김 색채는 한편의 음악과도 같다. 음악을 들으며 느끼는 심리적 안정감은 색을 통해 느낄 때도 동일하다. 편안함을 주는 색으로 공간을 구성하면 호흡이 안정되고 혈압이 낮아지며 안정적인 심리 상태에 도달한다는 연구 결과도 있다. 부드럽고 감미로운 멜로디와 잔잔한 피아노 선율을 통해 들려오는 음악을 떠올려보자. 파스텔 톤의 밝은 계열의 색이 떠오르며 마음을 편안하게 만들어준다. 반면 베토벤 운명 교향곡처럼 강한 데시벨의 음악은 심장소리를 더 크고 요동치게 한다. 이를 연상하는 색은 짙고 어두우며 선명한 색조로 강렬한 느낌이다. 영화 '아웃 오브 아프리카'에서 공명 치듯 울려 퍼지는 모차르트의 협주곡은 광활한 대지를 표현하며 주인공 마음에 큰 진폭을 남긴다. 따뜻한 색조의 색상이 온 대지를 뒤덮으며 서서히 드러나는 자연의 경이로움이 하모니를 이루며 많은 이들에게 깊은 인상을 남겼다. 색채는 파장으로 읽힌다. 소리 역시 파장으로 귀를 자극해 색청현상色聽現像을 일으킨다. 음악에서도 하모니에 따른 색채가 존재한다는 의미이다.

갑 자신에게 맞는 색을 찾는 방법은 무엇인가?

김 간혹 이런 질문을 받는다. "색채를 어떻게 사용해야 조화로울까요?", "어떻게 써야 실패하지 않죠?" 그럴 때 이렇게 반문하곤 한다. "어떤 음악 좋아하세요?", "어떤 장르의 음악을 들으시나요?" 이런 대화는 매우 생뚱맞게 들릴 수 있다. 색을 묻는데, 역으로 음악을 묻고 있으니, 질문한 사람은 애써 표현하지는 않지만 당황한 기색이 역력하다. 주거공간 색채 컨설팅 시에는 위의 이야기처럼 좋은 색을 찾는 사람들에게 좋은 음악을 되물으며 색을 고르는 작업을 한다. 감미로운 음악을 좋아하는 사람이라면 매우 정적인 사람일 것이고, 비트가 강한 음악을 좋아하는 사람이라면 동적인 사람일 것이다. 물론 단순히 음악 하나만으로 결론내기는 어렵겠지만 선호하는 음악과 자주 듣는 음악이 어떤 스타일인지 아는 것은 그 사람의 서사를 어느 정도 파악하고 성향을 이해하는 단초가 될 수 있기 때문이다.

갑 음악을 통해 개인에게 어울리는 색을 골라낸다는 개념이 독특하다.

김 앙리 마티스Henry Matisse는 색에 대해 제자들에게 늘 이렇게 말했다. "좋은 색은 노래하는 색이야. 멜로디가 울리고 향기가 나야 해." 이 말에서 그가 색을 노래로 표현할 수 있는

인간 행위의 90%를 차지하는 감정. 감정 중 87%를 시각이, 그리고 그중 57%를 색이 차지할 정도로 색채가 미치는 영향은 크다.

색은 음악과 마찬가지로 파장으로 전달된다. 이를 색음현상이라고 한다.

공감각적인 사고와 깊은 사유의 소유자임을 알 수 있다. 많은 미술가들이 색을 표현할 때
음악을 동시에 표현하곤 했다. 여기서 핵심은 색과 음악이 모두 '파장'에 의해 소통한다는,
기본적인 과학의 원리를 이해하는 것이다. 소리가 파장에 의해 귀로 전달되는 것은
모두가 알고 있다. 색채 역시 빛의 파장에 의해서 우리 눈이 인식하게 되는 것이다. 물론
받아들이는 감각기관에 차이는 있지만, 화성법으로 접근할 것인가 아니면 망막으로 전달되는
시세포의 정보로 접근할 것인가의 문제일 뿐이다. 그러나 파장이라는 측면에서 보면
소리와 색채는 동일 선상의 개념이다. 전문가들은 이를 소위 색청현상 혹은 음악에 비유해
색음현상色音現像으로 풀어낸다.

편안함을 연출하기 위해서는
가구와 소품뿐 아니라 반드시
색도 함께여야 한다.

같은 공간일지라도 배경색에 따라 다른 분위기를 만들어낸다.

갑 그럼, 선호하는 음률과 이에 어울리는 색을 매칭하는 방법은 무엇인가?

김 도레미파솔라시에 맞게 빨주노초파남보의 색이 서로 연결될 수 있다. 공간 설계에서 색을 컨설팅할 때는 그곳의 분위기에 맞는 혹은 좋아하는 음악을 먼저 이야기하고, 그에 해당하는 색을 골라낸 뒤 이와 어울리는 배색을 선택한다. 이때 주조색은 전체 면적의 60~70%, 보조색은 20~30%, 강조색은 5~10% 범위로 한다면 실패하지 않는다.

갑 '색'과 '인지'에 대한 이야기를 마무리하고, 최근 '주거'에 대한 소비자의 인식 변화와 그 가운데 색채 사용의 중요성을 이야기하고 싶다. 근래 건축과 인테리어에서 '집'에 대한 사람들의 인식 변화를 체감한다. 그 방향과 평가가 궁금하다.

김 주거시장 변화를 보고 트렌드를 파악하기 위해서는 소비자의 라이프스타일이 어떤 흐름으로 변하고 있는가에 주목해야 한다. 공급자 입장에서 보는 것이 아니라 구매하는 소비자의 마인드, 그리고 소비행태, 주목하는 포인트 등을 살펴야 한다는 의미이다. 서울대학교 김난도 교수는 그의 저서인 『트렌드 코리아 2018』에서 2018년 10대 트렌드 중 소확행(작지만 확실한 행복 추구, 휘게라이프), 워라밸세대(일과 생활의 균형이 중요한 세대), 나만의 휴식처(수면카페, 대나무숲 등 익명의 휴식공간) 등 주거공간과 연관되는 키워드를 3개나 발표했다. 그만큼 매일 지쳐가는 현대인들에게 안식처 공간이 절실히 요구되고 있음을 알 수 있다.

갑 편안한 라이프스타일의 추구와 실용적인 인테리어에 대한 열망의 근원은 무엇인가.

김 바쁜 현대인의 삶에 지친 도시인들은 집을 통한 안락한 삶의 행복 즉 편안하고, 따뜻하며, 안락함이라는 뜻을 기반으로 하는 덴마크의 라이프스타일 '휘게hygge'에 공감하며 북유럽 인테리어와 디자인에 대한 선호를 넘어 이를 적극적으로 받아들이고 있다. 예를 들어 양초를 이용하여 고요하고 평화로운 공간을 만들거나, 조명과 패브릭을 이용해 따뜻하고 안락한 공간을 만들고, 직접 음식을 만들어 슬로 라이프를 추구하는 것 등이다. 정성껏 만든 요리를 이웃과 함께하는 것 역시 휘게라이프 중 하나이다. 집이라는 공간이 이제는 가족과 함께 편안한 휴식을 취할 수 있는 안식처로 변하고 있는 흐름을 볼 수 있는 키워드이다.

갑 특히 주거공간에서 색의 기능과 역할이 궁금하다.

김 주거공간은 기능에 따라 거실, 침실, 주방, 욕실로 구분한다. 거실과 주방은 가족이 함께하는 공동공간이고, 침실은 개별적 공간, 욕실은 공동공간이지만 개별적으로 사용하는 공간이다. 공간마다 목적에 따른 구성을 갖고, 실별 특징에 맞는 색채의 사용은 각 공간의

Color Trend Issue

기능을 효과적으로 극대화할 수 있게 돕는 역할을 한다. 예를 들어 서먹한 관계의 가족을 위해 소통을 위한 거실을 만들고자 한다면 주황이나 노랑, 빨강을 인테리어에 활용하는 것이 관계를 개선하는 데 도움을 준다. 이 색은 아드레날린 분비를 왕성하게 해주어 피로와 무기력증 개선에 효과가 있고 생활에 활력을 더하고 공간에 활기를 불러일으키는 역할을 한다. 벽면에 색을 칠하는 것이 어렵다면 가구나 패브릭, 소품 등을 주황, 노랑, 빨강이 섞인 것으로 바꾸는 것도 큰 도움이 된다. 침실의 경우에도 예를 들어보자. 뇌를 안정시키는 물질을 분비시키는 파랑은 혈액순환을 회복시켜 마음이 차분하게 진정되므로 불면증이 있을 경우 침실의 벽면에 사용하면 큰 효과를 볼 수 있다. 이처럼 쓰임에 따라 사용하는 색채는 달라져야 하며, 주거공간에서 실별 용도에 따라 그에 맞는 색채를 적용해 원하는 효과를 낼 수 있다.

갑 우리나라 주거공간에 색채를 사용할 때 소비자들이 흔히 범하는 오류는 무엇인가.
김 많은 이들이 트렌드에 민감하게 반응하고, 동조하지 않으면 뒤처진다는 생각에 서둘러 쫓아가려 애쓴다. 주거는 트렌드가 3~6개월로 빠른 흐름을 보이는 의류와는 다르게 1년에서 2년정도 긴 호흡으로 움직인다. 하지만 주거도 변화의 주기가 빨라지고 있다. 한동안 호두나무 고유의 색을 본뜬 '월넛'이라는 색채가 공간 및 가구에 오랜 기간 사용되었다. 그러다 보니 목재를 이용해 인테리어를 할 경우 대다수의 사람이 월넛의 진한 나무색을 사용하거나, 갈색을 사용해왔다. 언젠가 외신기자의 눈을 통해 본 한국의 아웃도어 교복이 오버랩 되는 순간이다. 요즘에는 북유럽스타일의 디자인을 추구한다고 너나 할 것 없이 여러 패턴이 담겨진 쿠션이나 러그, 패브릭, 침구류 등을 들여 가용할 수 있는 것 이상의 색채를 사용해 복잡함을 야기하는 오류를 범하는 모습도 종종 보인다. 반면, 좁은 방을 넓게 보이기 위해 혹은 미니멀한 라이프를 위해 오로지 흰색으로만 칠하는 경우도 있다. 중요한 것은 유행이나 트렌드보다는 본인이 원하는 욕구를 정확히 파악하고, 그에 맞는 디자인을 추구해야 한다는 것이다. 본인이 가장 편안했던 상황과 분위기, 그리고 색을 기억하고 이를 연출하는 것이 가장 바람직한 방법이다.

자연광과 인공광, 조도의 차이에 따라서도 색은 다르게 보인다.

갑 언급한대로 최근 미니멀라이프나 북유럽 인테리어를 추구하며 흰색 마감과 가구로 도배하는 경우가 많다. 이 현상을 어떻게 보는가?
김 어느 사회학자는 흰색을 폭력성이 많은 색이라 정의하기도 한다. 다른 색을 흡수하려 하기보다는 밀어내려는 성질, 그리고 다른 색이 접근하지 못하게 하는 극도의 청결함이

김향란 센터장

홍익대학교 미술학
박사로 (사)한국색채학회,
(사)한국공공디자인협회의
이사를 역임하고 있으며,
NCS 색채직무표준위원,
한국산업평가관리원
평가위원, 중구청 및 광진구청
도시디자인위원으로도 활동하고
있는 컬러 전문가이다. 다양한
산업 부문의 컬러 컨설팅
프로젝트 뿐 아니라, 컬러인문학
칼럼 기고, 라이프스타일 및 컬러
트렌드 강연 등 다양한 활동을
펼치고 있다.

scd.spi.co.kr

네거티브한 공격성으로 다가온다는 이유에서다. 영화에서 보면 정신질환자를 가두거나
특별한 메시지를 담고 싶을 때 유독 흰색을 많이 사용한다. 개인적으로 본인 또한 흰색
벽면에 대한 약간의 공포가 있다. 색을 전문으로 다루기 때문에 일반인들보다 이런 느낌을 더
강하게 느낀다. 그 때문에 약간의 음영을 주어 연한 회색으로 대체하거나 공간을 구성하며
흰색으로부터 시선을 돌릴 수 있도록 틀어서 배치하기도 한다.

갑 같은 공간이라도 빛, 마감, 날씨에 따라 색이 다르게 보이기도 한다. 그 이유는 무엇인가?
      또 원하는 색을 정확하게 고르는 팁은 무엇인가?

김 같은 색이라도 빛이 많으면 밝게 보이기도 하고 흐린 날이면 더 어둡게 보이기도 한다.
그림자가 드리우면 보색이 살짝 비쳐보이기도 한다. 이는 빛에 의한 작용으로 실제 내가 보는
색과 다른 색을 반사하기 때문이다. 시간, 계절, 날씨에 따라 일조량이 다르기에 이런 차이와
착시가 발생할 수 있다. 창가에 진열되어 있는 소품의 색채가 너무 예뻐서, 패브릭이 너무
화사해서 구매한 후 집에서 펼쳐보았더니 전혀 다른 느낌으로 보여 황당한 경험이 다들 있을
것이다. 햇빛이라는 자연환경에 의해 색이 달라 보여서 발생한 웃지 못할 상황이다. 때문에
색이 있는 제품을 고를 때는 먼저 채광 상태, 조명 상태를 파악하는 것이 중요하다.
페인트의 경우 컬러 북에 있는 색채와 통 안에 든 페인트의 색이 달라 보이거나, 실내와
실외에서 보았을 때 다른 색처럼 보이는 경우 등이 있다. 이는 특정 광택이 있는 종이라는
피도면에 발색되는 정도의 차이가 있고, 이미 칠해져 있는 '건조 상태'와 통 속에 유동질로
들어 있는 '액상 상태'의 발색 차이 때문이다. 따라서 페인트를 칠할 바탕면의 재질과 광택,
발색 정도를 미리 확인하고 유사한 조건에 발색된 페인트의 샘플을 확인 후 구매해야 한다.
색은 조명에도 영향을 받는다. 형광등일 때와 자연광일 때는 빛에 따른 색의 느낌인 연색성이
다르기 때문에 차이가 난다. 구매 시 샘플을 들고 밖의 자연광에서 비춰보며 색을 확인하는
것이 가장 좋고, 여건이 안 된다면 색온도가 높은 형광등보다는 연색지수가 자연광과 같은
6,500K의 조명 아래에서 비교하는 것이 바람직하다.

Trend of Paint

색채와 공간의 조우 글 정사은, 정경화

공간에서 색채는 사용자의 즉각적인 감정과 행동의 변화를
이끌어내는 일등 공신이다. 주거공간에서는 집주인의 취향에
따라 색을 선택하기도 하고 상업공간은 판매하는 상품이
돋보이는 색을 쓰기도 한다. 색채가 잘 구현된 다섯 곳의 공간을
둘러보며 공간과 색이 만나 만드는 시너지를 느껴보자.

Case 1

생활에 활력을 더하는 색
컬러풀 아파트먼트

다채로운 공간을 원하는
클라이언트의 요구를 조화롭게
풀어낸 아파트 리모델링 프로젝트.
밋밋한 아파트를 변신시킨 색채의
힘을 경험해보자.

디자인	스노우에이드

아파트라는 틀이 정해진 공간에서 집주인의 개성을 뽐내기는 쉽지 않다. 혹자는 가구로, 혹자는 소품으로 자신만의 개성을 드러낸다. 인왕산 자락 푸르른 자연을 배경 삼은 이 아파트는 다양한 색채로 화사한 표정을 만들어낸 사례다. 스노우에이드 김현주 디자이너는 리모델링을 진행하며 가족 구성원에 맞게 공간을 재구성하고 클라이언트의 요구를 적극 수용해 색으로 포인트를 주었다. 할머니와 클라이언트 부부, 자녀까지 3대가 사는 가족 구성에 맞게 큰 거실을 벽으로 막아 방 하나를 더 만들었고, 바쁜 가족이 잠시 이용하는 공용공간은 작은 거실과 주방, 식당으로 작지만 아늑하게 조성했다. 주방과 식사공간은 기존에 잘 사용하지 않던 아일랜드 테이블을 없애고 유리문으로 조리와 식사공간을 분리해 가족의 생활양식에 맞게끔 변경했다.

죽은 공간을 살리는
컬러의 힘

가장 눈에 띄는 것은 색채의 다채로운 사용. 복도엔 노랑, 연두, 핑크색으로 칠해진 문을 배치해 표정을 만들었다. 현관에서 보는 집의 첫 풍경은 지친 일상을 보듬는 인상을 주고자 회사한 노란색으로 칠한 문이다. 편복도 아파트의 단점인 부족한 채광을 밝은 색상의

문으로 보완하고, 유광페인트로 시공해 볼륨감 있는 분위기를 더했다. 모든 공간이 너무 다양한 색으로 칠해져 있다면 자칫 유치해지기 십상인데, 이 집은 차분한 회색 벽지로 문을 제외한 벽과 천장을 마감해 균형을 잡았다. 밋밋한 복도에 다양한 표정을 만드는 컬러 덕분에 가족이 복도를 오갈 때마다 느끼는 즐거움은 크다.

세밀한 색과 톤이 만든
컬러의 깊이

"어떠한 분위기와 인상을 줄 것인가를 먼저 정하고 색을 정해야 해요. 여기에는 컬러에 대한 고려뿐 아니라 톤tone에 대한 정리도 필요하지요." 김현주 디자이너의 톤 정리에 대한 고민은 안방에서 고스란히 드러난다. 안주인의 소녀 감성을 듬뿍 담아 핑크색 아치와 민트색의 유사한 채도가 조화를 이루는 톤인톤tone in tone으로 공간을 연출했고, 안방 내 욕실에서는 채도가 다른 핑크색을 조화롭게 연출하는 톤온톤tone on tone 배치가 엿보인다. 색채를 사용하면서 그는 질감과 광도를 맞추고, 채도와 명도를 조화롭게 활용하는 것을 원칙으로 삼는다. 특히 색을 내는 가장 일반적인 마감재인 페인트는 같은 색이라도 자연광과 인공조명에서 발색이 다르고, 조명도 주광등인지 백열등인지에 따라 다른 분위기를 낸다. 이 때문에 앞뒤로 채색한 문은 자연광이 없는 복도에서 보는 색과 빛이 드는 방안에서 보는 색이 다르게 보인다. 또 복도에 벽부등을 설치해 공간에 음영이 주는 깊이감을 더하도록 연출한 것도 눈에 띈다. 낮과 밤, 불을 켜고 끔에 따라 다른 공간처럼 느껴지는 색의 마법이 이 집에는 있다.
단순한 듯 보이지만 명도와 채도, 질감과 광택, 그리고 이를 받아줄 배경까지 세심하게 고려해 만들어진 색이 다양한 아파트 인테리어. 클라이언트의 요구처럼 생기 있고 에너지 넘치는 주거공간이 주는 활력이 이곳에 가득하다.

김현주
스노우에이드 대표

건국대학교에서 실내디자인을
전공하고, 런던 Chealsea College
of Art에서 공간디자인을
전공한 후 현재 건국대학교
건축전문대학원에서 박사과정
중이다. GS건설에서 실무
경험을 쌓은 뒤 건축가
박호현과 함께 스노우에이드
건축·인테리어디자인을 이끌고 있다.
건축설계부터 인테리어디자인에
이르기까지 다양한 스펙트럼을
가진 프로젝트를 진행해오고
있으며 2010년 시카고 아테나움
디자인미술관에서 수여하는 국제
건축상을 수상했다.

www.snowaide.com

사용한 색
제조사 던에드워드페인트
❶ 안방 아치 핑크색—DE 5059(Heartfelt)
    흰색 벽—DEW 380 (White)
❷ 핫핑크색 도어—DEA 144
    연두색 도어—DEA 170
    노란색 도어—DE 5466
    도어 문 그레이 컬러—DE 6362
❸ 노란색 도어—DE 5466
❹ 안방 가구 컬러—DE 5723

Case 2

색은다른 컬러로 만든 색다른 공간

카페 헤븐온탑

카페는 일상이면서도 비일상적인
공간이다. 사용자들은 먹고 마시는
일상적인 행위를 하지만 일상의
공간에서 일어나지 않을 특별한
경험을 기대한다. 헤븐온탑에서
색이 주는 특별한 분위기를
경험해보자.

디자인	오티디코퍼레이션(OTD)
취재협조	헤븐온탑 김포롯데몰점

색으로 일상에
특별함을 더하다

SNS에서 입소문을 타고 핫플레이스로 자리매김한 카페 헤븐온탑은 여러 유명 디저트를
골라 맛보는 '셀렉트 디저트숍'이다. 이곳은 매력적인 콘텐츠에 색채를 사용하여 공간의
즐거움을 극대화한 장소로써 지점마다 주조색을 선정하여 공간의 콘셉트를 전달한다.
광화문점은 파랑, 문정점은 분홍, DDP점은 여러 색상을 모은 컬러풀 스위츠colorful
sweets로 색을 설정했는데, 그중 김포롯데몰점은 여심을 자극하는 티파니블루 색으로
완성도 있는 공간을 구현했다. 비슷한 인테리어와 외관의 상점들이 쭉 늘어선 대형
쇼핑몰 안에서 다른 곳과는 확연히 구분되는 인테리어로 눈길을 끈다. 이곳을 디자인한
오티디코퍼레이션은 헤븐온탑이 기존 롯데몰의 분위기와 구별되면서도 그곳만의 독특한
분위기를 지니기를 바랐다. 주요 고객층인 20~30대 여성이 여유 있고 차분하게 일상을
보내는 곳이지만 비일상적인 특별함을 경험할 수 있는 공간. 오티디코퍼레이션에서 선택한
티파니블루는 단정하면서도 특별한 느낌으로 그들의 의도에 딱 맞는 컬러였다.

손창현
오티디코퍼레이션 대표

국내에 맛집 편집숍인 '셀렉트 다이닝'이라는 개념을 도입하여 광화문 디타워의 파워 플랜트, 여의도 SK증권빌딩의 디스트릭트Y 등의 공간을 기획한 공간기획자다. 서울시립대학교 건축과 학사와 석사를 졸업한 후 AM플러스자산개발, 삼성물산 개발사업본부에서 경력을 쌓았다. 2014년 복합문화공간을 기획하는 라이프스타일 플랫폼, 오티디코퍼레이션(OTD)을 창업하여 현재 대표이사로 있다.

www.overthedish.com

다양한 소재와 배색으로
색의 매력을 돋우다

인테리어에 색을 주요소로 사용할 때는 공간의 조명과 바탕면의 소재, 질감에 따라 같은 색이라도 다르게 보이기 때문에 디자인 의도가 잘 구현되도록 하는 것이 가장 큰 과제다. 오티디코퍼레이션은 다양한 '배색'과 '소재'를 활용해 주어진 과제를 해결했다. 우선 티파니블루와 어울리는 민트색과 분홍색을 선정하여 적절히 배색했다. 영화의 주연과 조연처럼 사용 비율에 차이를 두어 자유로이 놓인 듯 보이지만 서로의 선을 확실히 지키며 주연 색상을 최대한 느낄 수 있다. 또한 같은 색이라도 소재를 달리해 지루하지 않게 했다. 벽의 페인트 컬러는 같은 색상의 커튼, 소품, 가구로 전환된다. 민트색 페인트로 칠해진 벽은 같은 색상의 쇼파로, 분홍 커튼과 의자는 분홍색 페인트로 칠해진 천장으로 자연스레 이어진다. 이를 통해 사용자는 같은 색상을 느끼면서도 다른 촉감으로 다양하게 경험한다. 그리고 여기에 금속 소재로 포인트를 더했다. 금속이 지닌 차가운 차분함은 티파니블루 색상이 주는 따뜻함을 정리하면서 공간에 무게감을 실어준다.

디저트 편집숍이라는 매력적인 콘텐츠에 색을 이용해 원하는 콘셉트를 공간에 그대로 담아낸 헤븐온탑. 이곳에서 우리는 본래의 매력을 잃지 않으면서도 영리하게 제 역할을 다하는 컬러의 모습을 발견할 수 있다.

사용한 색

제조사 삼화페인트, NCS COLLECTION 950
❶ 티파니블루―0090D
❷ 민트―0093C
❸ 분홍―0081A
❹ 회색―0002B

Case 3

**과감한 핑크색으로
두 마리 토끼를 잡은 펜션**

밀양 풀 빌라

건축가 문훈에게 색은 자신을
드러내는 방식이자 언어다.
2015년 완공한 밀양 풀 빌라는
강렬한 분홍색으로 메시지를
전한다. 그가 색을 선택하고 이를
프로젝트에 풀어내는 방식을
들어보는 시간.

디자인	문훈발전소
사진	facestudio

푸른 자연 속 환상적인
분홍 풀 빌라

밀양 산내면의 고속도로를 달리다 보면 초록의 향연이 펼쳐진 승학산 한가운데 강렬한
분홍빛 건물이 눈길을 사로잡는다. 건축가 문훈이 디자인한 밀양 풀 빌라다. 프라이빗
수영장이 있는 네 동의 풀 빌라에 사무동까지, 총 다섯 동의 건물이 분홍 벽과 지붕으로
둘러싸인 이색적인 모습이다.

색으로 포인트를 준 이 건물은 30대 중반, 젊은 건축주의 의뢰로 시작되었다. 각진
형태를 선호하는 건축주 취향과 자유로운 형태를 추구하는 건축가의 스타일 사이에서
접점을 찾다 보니 디자인이 단순해지는 한계가 있었다. 하지만 튀는 모습을 원한 건축주의
의견은 본디 색을 제약 없이 사용하는 문훈의 방식과 잘 맞아떨어졌다.

이렇게 만들어진 밀양 풀 빌라는 복층 한 동과 단층 세 동으로 이루어진 프라이빗
빌라로, 동마다 풀의 배치가 달라 외부공간이 다양하다. 평면에도 조금씩 변화를 주어
객실마다 다른 느낌이 들도록 유도했다. 또 다른 중요한 요소는 프라이버시. 건축가는
이곳을 방문하는 사람들이 아주 사적인 자신만의 공간에서의 편안함을 경험하길 바랐다.
건물에 들어서면 앞으로는 산을 향해 푸른 시야가 탁 트여 있는 반면 옆으로는 벽으로
닫혀 있어 그 너머가 보이지 않는다. 벽은 옆동과 공간을 분리하는 동시에 산을 바라보는
액자의 프레임이 된다.

공간에도 크고 작은 변화를 주었다. 폭이 좁은 복도에는 벽을 바깥으로 퍼져나가도록
해 역동성과 함께 폭이 넓어 보이는 효과를 냈고 실내에는 침대 주위로 프레임을 만들어
정자처럼 연출, 집 속에 집이 있는 듯한 이색적인 느낌을 더했다.

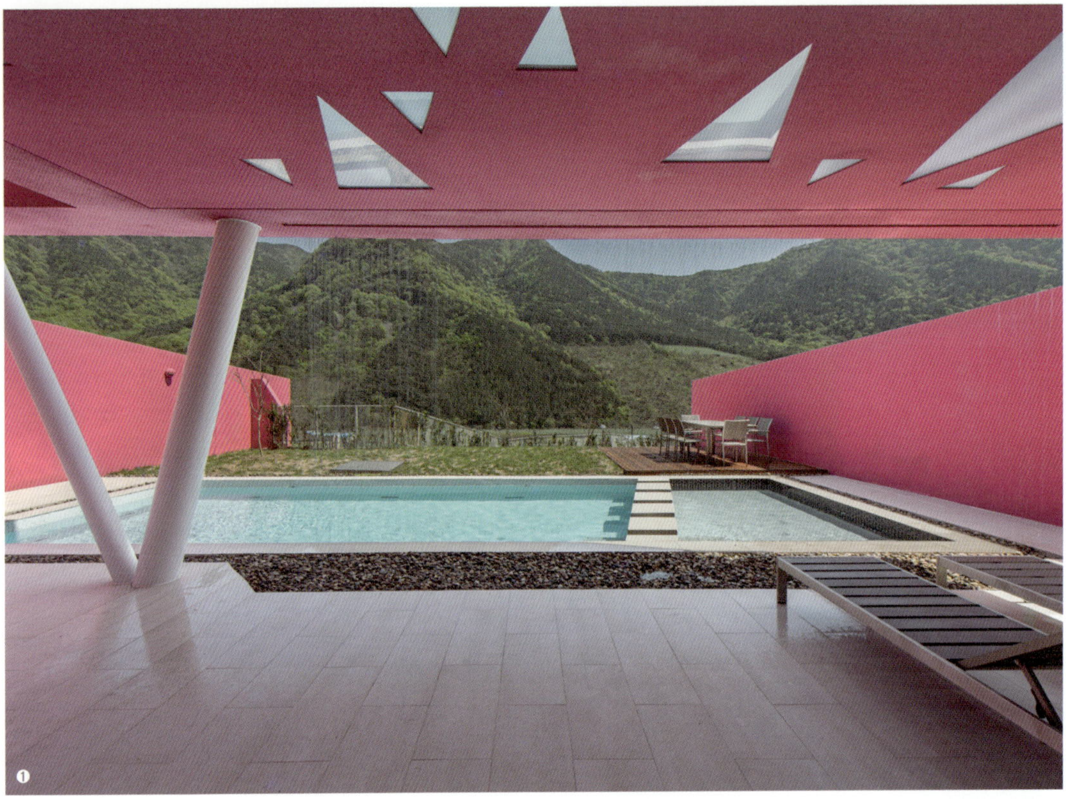

❶

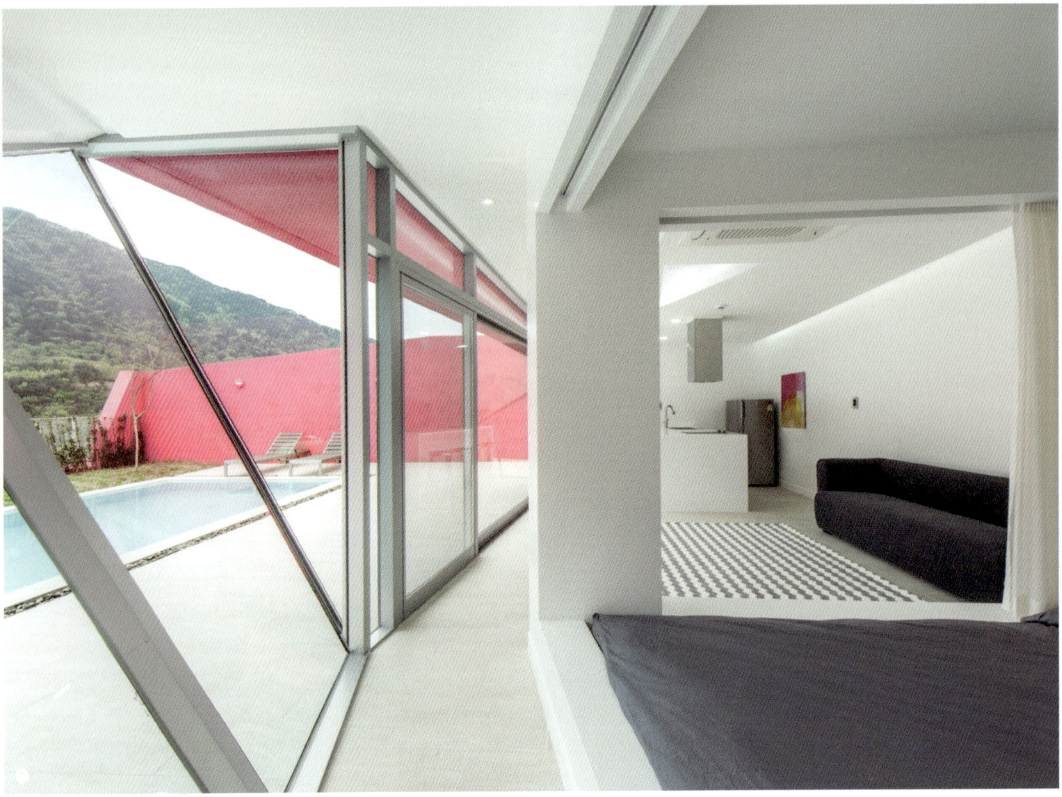

문훈
문훈발전소 대표

한국과 미국에서 교육을 받으며
실무를 거쳐 2001년부터
문훈발전소를 운영하고 있다. 건축과
다른 장르와의 결합, 확장, 교배 등을
통한 경계 흐리기를 사고 및 작업
방식으로 취하면서, 건축에 대한
가능성을 무한하게 열어둔다. 주요
작업으로는 투문정션, 락잇수다,
윈드하우스, 롤리팝, 웅달샘, 582커브
그리고 2005년에 건축가협회상을
받은 상상사진관 등이 있다.
www.moonhoon.com

단순한 형태에
강렬한 컬러로 힘을 주다

무엇보다 눈에 띄는 디자인 요소는 강렬한 핫핑크색이다. 주변 자연의 초록빛과 강한
대비를 이룬다. 이 색은 건축가에게는 루이스 바라간의 건물에서 따온 몽환적이고
환상적인 분위기를 표현하는 색으로, 건축주에게는 손님을 끌어들이는 상징적인
간판으로 인식된다. 서로에게 의미는 달랐지만, 그 효과는 의도대로 강했으며 프라이빗 풀
빌라라는 트렌드와 어우러져 이 펜션을 특별하게 만드는 주요한 콘셉트가 되었다. 덕분에
포토제닉한 공간으로 SNS에서 인기를 얻기도 했다.

햇빛이나 날씨의 영향을 받아 쉽게 색이 바래는 외벽에 밝고 쨍한 색을 입히는 것은
도전과도 같다. 건축가 문훈은 그동안의 프로젝트에서 이를 극복하고자 외벽의 최종
마감에 맞는 페인트 종류를 골라 사용했다. 이번 프로젝트에서는 테라코코리아에
핫핑크색으로 조색을 의뢰하여 만든 제품을 사용해 뛰어난 발색력을 잡았다. 그는 다른
프로젝트에서 두께가 두껍고 도막이 오래 지속되는 자동차용 페인트를 외부에 바르거나,
외단열 마감재 위에 흰색 페인트를 깔고 그 위에 다시 컬러 페인트를 칠해 건물 외벽에
원하는 색을 구현했다. 페인트를 외벽에 칠하면 자외선에 닿고 바래는 속도가 빠르기
때문에 건축가는 2년 안에 재도장 하기를 권한다. 적은 비용과 인력으로 새것처럼 연출할
수 있는 것이 페인트의 가장 큰 장점이라는 설명이다.

문훈은 건물마다, 디자인마다 제각기 어울리는 색이 있다고 말한다. 그의 말대로 밀양 풀
빌라의 분홍빛 외관은 제 몸에 맞는 옷을 입은 느낌이다. 똑같은 건물을 지어도 컬러에 따라
그 느낌이 확연히 달라진다는 그의 말처럼, 색으로 건축을 표현하는 그의 작업은 끝나지
않을 것이다. 그 이유 역시 명료하다. "색을 쓰는 것이 좋고 즐거우니까요."

사용한 색

제조사 테라코코리아, 테라코트 사하라(HEX
CODE)
❶ 핫핑크—FF007F

Case 4

**세밀한 조색으로 완성한
아이들 놀이터**

스마트브릭 키즈카페

주요 콘셉트인 '레고'를
연상시키는 동시에 노랑, 파랑,
분홍의 다양한 색으로 아이들의
놀이 감각도 한층 살린 키즈카페.
강한 색감의 원색을 공간에
적절히 녹여낸 건축가의 센스를
발견해보자.

디자인	어반프레임
취재협조	스마트브릭 키즈카페
	ⓞ smartbrickofficial

ⓒ이수요

①

레고를 콘셉트로 한
아이들의 놀이공간

압구정에 위치한 붉은 벽돌 건물. 이곳에 상큼한 노란색 간판으로 시선을 잡아끄는 매장이
들어섰다. 5~9세의 어린이를 위한 놀이공간 스마트브릭 키즈카페다. 이곳의 디자인을
맡은 어반프레임 서재원 건축가는 넓은 공간과 높은 층고라는 장점을 백분 살려 중앙에
열린 공간을 만들고, 여러 개의 방이 이를 둘러싸게 배치해 마치 작은 마을 같은 분위기를
연출했다. 가운데 공간은 테이블과 소파를 두어 키즈카페를 방문한 부모들이 모여
담소를 나누기도 하고, 모임도 할 수 있는 다기능 공간으로 만들고, 가장자리에는 정해진
프로그램이 있는 놀이공간을 복층으로 배치했다. 아이들은 복층으로 구성된 놀이공간에서
레고도 만들고, 캠핑 놀이도 하며 뛰놀고 교류한다.

디자이너는 이 복층공간을 만들어내기 위해 묘안을 냈다. 설비를 제외하고 확보된
3,900㎜의 층고는 복층을 만들기에는 빠듯한 높이였다. 그는 이를 각 1,900㎜과
2,000㎜로 나눈 뒤, 2층 공간이 앉아서 영상을 보거나 정적인 놀이를 하는 곳일 때에는
1층을 더 높게하고, 동적인 놀이공간을 두는 경우에는 2층을 더 높게 해 프로그램에 적합한
환경을 확보했다.

6
7
8
9
10
11
18
19
20
21
22
23
30
31
32
33
34
42
43
44
45
46
47

1

SMART
SHOPPERS

1, 4, 5

서재원
어반프레임 대표

정림건축설계사무소에서 실무를
경험했다. 2014년 어반프레임을
개소해 건축부터 인테리어, 그리고
가구와 브랜딩까지 폭넓은 작업을
진행하고 있다. YG, 에어비앤비,
아가방, 동림 등 대기업과의
작업 외에도 석관리주택,
옥인연립리모델링, 후암동리모델링,
soohyang 등 중·소규모 프로젝트도
꾸준히 해오고 있다.

urbanframe.co.kr

다채로운 색을
한 공간에 녹여내다

건축가는 클라이언트가 요청한 주요 디자인 콘셉트인 '레고'를 공간에 구현하고, 이를 가장
효과적으로 보여줄 목적으로 '색'을 사용했다. 블록의 요철과 모양이 잘 드러나게 밝은색을
사용하기로 하고 그중 산뜻한 느낌의 노랑을 주조색으로, 이와 어울리는 색으로 하양, 파랑,
분홍을 선택했다. "여러 색을 함께 사용하는 경우에는 강약을 조절하는 것이 무엇보다
중요해요." 그는 주조색을 많은 부분에 과감하게 사용하고 나머지 색은 채도를 낮추어
노란색이 더욱 돋보이게 연출했다.

바탕면의 재질이나 빛에 따라 같은 색이라도 달라 보인다. 건축가는 페인트를 칠하는
단계에서 모든 상황에서 같은 색으로 느껴지도록 하는 데에 집중했다. 우선 아이들이
머무는 공간이므로 인체에 무해한 친환경 페인트 중 변색이 적고 조색이 균일한
벤자민무어 페인트를 선택했다. 색을 사용하며 해결해야 했던 문제는 다양한 소재면에
모두 동일한 느낌으로 발색되도록 미세하게 색을 조절하는 것이었다. 금속, MDF, 합판 등
소재에 따라 광도와 질감에 차이가 있어 같은 색을 칠하더라도 발색이 조금씩 달라진다.
또한 이곳은 지하에 위치해 빛이 드는 곳과 그렇지 않은 곳의 차이도 컸다. 건축가는
바탕면마다 조금씩 조색을 다르게 하고, 수차례의 테스트를 거치며 색이 같아 보이게
했다. 그는 이 과정에 대해 "실제 도장 공사를 하는 것보다 색을 맞추는 데 더 오랜 시간이
걸렸지만, 꼭 필요한 작업이었다"고 말한다.

사용한 색

제조사 벤자민무어페인트
❶   노랑—2021-30
❷   파랑—CC-872
❸   분홍—2084-40.1385
❹   회색—AF-670
❺   하양—2148-70

Case 5

최저 예산, 최대 효과
하늘빛 동주민센터

서울시 '찾아가는
동주민센터'사업의 일환으로
진행된 은평구 응암3동 주민센터
리노베이션 프로젝트. 이곳에서
페인트의 경제성과 상황에
대응하는 유연성, 그리고 시각
효과의 극대화를 경험할
수 있다.

디자인 디자인밴드요앞 건축사사무소
사진   류인근

❶, ❷

효율성을 높이고
분위기를 전환하라

비효율적인 공간을 개선해 주민들의 활용도를 높이기 위해 시작한 서울시의 동주민센터
개선사업. 과거 은평구 응암3동 주민센터는 노인인구가 많아 이용자가 많음에도 정리가
되어 있지 않아 복잡했던 곳으로, 이곳의 디자인을 맡은 디자인밴드요앞 건축사사무소는
비좁은 진입로와 민원 대기공간, 목적별 민원작성대의 혼재로 인한 공간의 비효율적인
짜임을 개선하는 것을 목표로 작업을 시작했다.
　　먼저 업무별 공간의 재배치와 사용자의 목적에 따른 동선의 분리, 그리고 가용 면적을
확보하기 위해 사용 빈도가 낮은 숙직실을 없애고 무인민원발급기를 설치해 입구 부분의
동선을 넓혔으며 2층으로 향하는 계단을 만들어 상담공간을 2층으로 옮겼다. 업무
공간의 2배를 민원공간이 차지하고 있었지만 제 기능을 할 수 없었던 주민센터는 이런
정리만으로도 효율적으로 바뀌었다. 한 명씩 늘어가며 마구잡이로 배치되어 있던 사무공간
역시 공간 분할과 책상의 재배치로 바뀌었다. 직원 20명을 수용하기도 버거웠던 공간이
30명을 수용해도 복잡하지 않을 정도가 되었다.

신현보, 류인근, 김도란
디자인밴드요앞 건축사사무소 대표
요앞하얀집, 미셰린 삼성점,
Cornerstone, 애견민박 명집,
1x4 house, 청풍래고인(淸風來故人)
등의 작업을 해오며 건축적 상상의
실현과 영역 확장, 그 과정에서의
지속가능한 즐거움에 대해
고민한다. 신현보는 한국(KIRA)과
네덜란드(SBA) 등록건축사로,
고려대학교와 네덜란드 TU
Delft를 졸업한 뒤 공간건축과
기오헌건축사사무소에서 실무를
쌓았다. 류인근은 호남대학교를
졸업하고 공간건축에서 실무를
쌓았다. 김도란은 한양대학교를
졸업하고 공간건축에서 실무를 쌓은
뒤 스튜디오 뺌을 운영하였다.

yoap.kr

상황에 대응하는
유연한 재료

눈에 보이지 않는 공간의 재배치와 함께 내놓은 대안은 '색'으로 공간에 생동감을 준 것이다. 이용자들이 변화를 한눈에 알아볼 수 있으면서도 분위기를 환기하는 디자인 요소로 제격이었고, 더욱이 목재나 석재 등의 비싼 재료보다 저렴하면서도 시공에 제약이 적은 점도 단시간, 저비용이라는 조건과 맞아떨어졌다. 시간이 지나 컬러가 지겹거나 보수가 필요할 때 쉽게 덧입힐 수 있다는 점도 선택의 이유 중 하나다.

주조색으로 하늘색을 선택한 데에도 특별한 이유가 있다. 공사를 진행하며 예산이 부족해 전체를 페인트로 마감하기 어려운 상황이 발생했고, 유지보수가 불리한 부분은 내구성이 더 좋고 저렴한 시트지로 마감하기로 결정되었다. 급하게 디자이너가 정해둔 하늘색과 가장 유사한 컬러의 시트지를 고른 뒤, 페인트의 색상을 여기에 맞추는 웃지 못할 상황도 발생했다고. 어찌 보면 어떤 컬러든 자유롭게 조색이 가능한 페인트의 장점과 마감재로서 여러 상황에 대응이 가능한 페인트의 유연성을 확인할 수 있는 부분이다.

새롭게 바뀐 동주민센터에 대한 지역주민들과 직원의 만족은 높다. 진입부터 넓은 동선과 넉넉한 대기공간, 그리고 컬러가 주는 분위기의 환기가 쾌적한 기분과 함께 여유를 준다. 언성은 낮아지고 분주함은 줄었으며 업무 효율은 높아지는 현상이 자연스레 수반되었다는 즐거운 후기도 들려온다.

사용한 색

제조사 삼화페인트, 2010년판
　　　선문가용 E색 견본
❶　　하늘색—E09508 3.3B 5.9/6.6
❷　　샴페인(흰색)—E00301 5.5Y 9.2/0.8

Ready to Paint

도장 공사 준비의 모든 것

글 정사은

페인트의 종류와 기능은 바탕면과 기후 조건, 적용 부위 등에 따라 다르다. 그러나 제품을 고르는 기준과 순서는 같다. 페인트를 칠하기 전, 미리 준비하고 알아두어야 할 내용을 모았다.

단계별 페인트 시공 매뉴얼

페인트 시공은 총 4단계의 공정으로 진행된다. 가장 먼저 도막이 형성될 **바탕면을 고르게 만드는 작업**이다. 바탕면 고르기는 바탕면의 오염과 부착물을 제거하고 면을 평평하게 만들어 도막이 잘 밀착될 수 있는 환경을 만드는 것으로, 페인트의 품질과 내구성의 50%를 차지한다. 바탕면이 시멘트인지 금속인지 목재인지에 따라 이를 정리하는 방법도 각각 다르다. 표면의 기름이나 흙 등 이물질과 녹을 제거하고 구멍난 부분을 매끄럽게 메우는 등 다양한 작업이 있으며 자세한 내용은 이후 지면에 자세하게 다룬다.

다음 공정인 **하도**는 초벌 작업 혹은 프라이머 작업이라고도 한다. 바탕면이 가진 약점을 개선하고 다음 도막이 잘 부착될 수 있도록 만드는 역할을 한다. 예를 들어 시멘트의 알칼리성을 물과 이산화탄소 성분을 함유한 페인트로 보완하거나 녹이 잘 생기는 금속면에 방청 성능이 강한 페인트를 바르는 것이다. 이를 통해 표면 강도를 높이고 페인트의 흡수성을 높이는 등 성능을 개선한다.

중도는 마무리 칠인 상도 마감이 잘 부착될 수 있도록 돕고 적절한 도막의 두께를 만드는 역할을 한다. 이는 상황과 페인트 종류에 따라 생략되기도 하며, 고급 마감의 경우 중도를 바르고 갈아내기를 여러 차례 반복해 미려한 도장면을 만들기도 한다.

마지막에 바르는 페인트를 **상도**라고 한다. 이는 외부에 접하는 표면으로 색과 질감을 내는 심미적 역할과 함께 기후나 자극, 충격으로부터 보호하는 기능을 한다. 도장면이 외부인지 내부인지에 따라 상도제의 종류가 달라지고, 광택의 유무와 보호의 대상에 따라서도 페인트 성분 선택이 달라질 수 있다.

페인트 시공 상식

페인트를 칠할 때는 기후와 시공 순서를 사전에 염두에 두어야 한다.

페인트 시공사들은 실제 현장에서 페인트를 도포하고 말리기 적당한 **온도**를 5~30℃ 사이로 전한다. 특히 물을 용제로 쓰는 수성계열 페인트는 대낮 기온이 영하인 한겨울에는 시공성이 떨어지고 도막의 품질 역시 좋지 않다. 또 상대 습도가 85% 이상인 장마철에도 시공을 자제하라고 권한다. 공기 중 습도가 높기 때문에 도막 부착성이 떨어지고 잘 마르지 않아 시공 시간이 오래 걸린다는 이유다. 비나 진눈깨비, 강한 바람은 페인트를 마르게 해 도막이 형성되는 것을 방해하는 요소 중 하나이다. 겨울철, 많은 도장 공사 현장에는 열풍기가 준비되어 있는데 이는 도막의 건조를 돕는 도구다. 주택의 경우에는 실내 보일러를 가동해 온도를 높여가며 시공하기도 한다.

일반적인 **도장 기간**은 7~15일 내외로 규모가 큰 건축물의 경우 대규모 인력과 물량을 동시에 투입해 빠른 시간 안에 페인트를 시공한다. 바탕면 작업과 틈새를 메우는 퍼티 작업이 대개 2~4일 내외이며, 1차 샌딩 처리가 1~2일로 준비 기간이 긴 편이다. 대개 샌딩 후 하도제 도포에 1~2일, 샌딩 후 중도제 도포에 1~2일, 샌딩 후 상도제 도포에 1~2일이 소요되며 도장 도구와 표면의 상태에 따라 일정이 가감된다.

페인트를 효율적으로 **바르는 순서**도 있다. 일반적으로 높은 곳에서부터 낮은 곳으로 내려오며 시공하고, 작업자가 오른손잡이인 경우 왼쪽에서 오른쪽으로 칠한다. 개구부에서 멀리 떨어진 곳부터 시작해 개구부는 가장 마지막에 칠하는 것이 효율적이며, 여러 색을 시공할 경우 밝은색을 먼저 칠하고 진한 색을 나중에 칠하는 것이 좋다. 모서리나 경계 부위처럼 세밀한 시공이 필요한 경우에는 작은 붓으로 먼저 작업해두는 것이 깔끔한 도장면을 만들 수 있는 방법. 실내의 경우 벽지를 시공할 생각이라면 몰딩과 문, 창틀 등에 페인트를 먼저 칠한 뒤에 벽지를 바르는 것이 좋다.

전체 공정에서 페인트 시공에 드는 **비용**은 채 10%를 넘기 않는다. 그중에서도 페인트 시공은 노동집약적인 공정으로, 재료비보다 인건비가 3~4배 더 많이 든다. 최근 친환경 페인트를 비롯해 고급 기능성 페인트를 쓰는 현장이 많아지고 있는데 이 역시 재료비의 상승이 전체 공사비 증가에 미치는 영향이 미미하기 때문에 가능한 일이다. 사람이 손으로 하는 일이 많기 때문에, 시공사들은 입을 모아 "원재료의 품질보다는 작업자의 노련함과 기술이 최종 마감 품질을 좌우한다"고 전한다.

Painting Tools

페인팅 도구 열전

화장할 때 원하는 효과를 얻기 위해 브러시, 퍼프 같은 여러 도구를 쓰는
것처럼 페인트 도구도 상황과 용도에 맞는 것을 골라 사용한다. 다채로운
도구의 종류와 특징, 유지관리 방법을 소개한다.

1 가장 오래전부터 사용한 도구, 붓 brush

누구나 손쉽게 칠할 수 있어 가장 많이 쓰인다. 페인트의 낭비가 적고
벽면이 고르지 못하거나 구석진 부위, 복잡하거나 좁은 면을 칠하기에
좋다. 다른 도구가 닿지 않는 부분까지 세밀하게 칠해져 말끔한 마감을
완성한다. 하지만 도장 속도가 느리며 칠하는 사람의 실력에 따라 품질
차이가 크고, 잘못 칠하면 도막 두께가 들쑥날쑥해지거나 붓자국이 남기도
한다.

붓은 모양과 섬유의 종류에 따라 구분한다. 모양에 따라서는 끝이
평평해 넓은 면을 칠할 때 쓰는 평붓, 끝이 사선으로 잘려 모서리나
경계면에 칠하기 좋은 앵글붓, 평붓과 같은 형태지만 두께가 더 얇고
크기가 작아 저렴한 가격에 어디에나 활용하기 좋은 빽붓이 있다. 섬유의
종류는 말, 돼지, 양, 소 등 동물의 털을 비롯하여 합성섬유, 옻칠붓에
쓰이는 사람의 머리카락이 있다.

페인트의 종류, 그리고 칠할 부위에 적합한 모양과 모질을 선택한다.
일반적으로 수성페인트 Pce01 나 래커 Pwo03, Pme06 와 같이 점도가 낮은
페인트에는 부드럽고 페인트를 많이 머금는 양털붓이나 평붓을 쓴다.
조합페인트 Pme01, Pwo04 와 에나멜페인트 Pme02, Pwo05 처럼 점도가 높은
제품은 페인트를 적게 머금는 말털 소재의 붓과 털이 짧고 뻣뻣하며
두께가 얇은 붓을 주로 사용한다.

바르는 부위에 따라 붓의 크기를 선택하기도 한다. 소가구나 소품,
몰딩에는 주로 폭이 1~1.5in의 붓을 쓰고, 벽이나 가구에는 2~2.5in
붓을 활용한다. 넓은 면적에 칠하려면 3~4in의 붓을 사용하는 것이 좋다.
요즘에는 붓자국이 잘 남지 않아 초보자가 칠하기 좋은 스펀지붓인
폼브러시도 많이 쓰인다. 붓은 관리만 잘하면 여러 번 다시 쓸 수 있다.
칠이 끝난 뒤 수성페인트는 물로, 유성페인트는 시너로 씻고
그늘에서 잘 말려 보관한다.

(왼쪽부터) 폼브러시, 3.5㎝ 빽붓, 2㎝ 빽붓.

(왼쪽부터) 3in 평붓과 2.5in, 2in, 1.5in
앵글붓.(1in≒2.5㎝)

2 넓은 면을 빠르고 깨끗하게 칠하는 롤러^{roller}

천장이나 벽면과 같이 넓고 평평한 부위에 빠르게 칠해 자국 없이 깨끗한
면을 완성하는 도구. 하지만 용접 부위처럼 표면이 거칠거나 형태가
불규칙한 부분에는 권하지 않는다. 굴리는 속도가 빨라지면 원심력에 의해
페인트가 흩날릴 수 있으니 너무 빠른 속도로 문지르지 않도록 주의하자.

롤러는 페인트를 묻히는 커버와 커버를 손잡이에 고정하는 커버 홀더,
손잡이인 프레임으로 구성된다. 커버와 커버 홀더가 분리되는 제품은
교체용 커버를 끼워 다시 새것처럼 쓸 수 있다. 커버는 주로 합성섬유,
스펀지, 양털로 만들어진다. 용도나 바탕면의 특성에 따라 적당한 소재의
커버를 골라 사용해야 하는데 수성페인트를 칠할 때는 털이 길고 굵은
롤러를, 유성페인트의 경우 털이 짧고 부드러운 롤러를 쓴다. 또한
도장면의 상태에 따라 털의 길이도 달라진다. 울퉁불퉁한 면에는 털이 긴
제품이, 평평한 면에는 짧은 제품이 적당하다.

롤러의 크기는 문, 가구 등 좁은 면적에 쓰는 4~6in의 핀프레임과
그보다 넓은 면적에 쓰는 7~9in의 와이어프레임이 있다. 소가구에 사용한
롤러 커버는 3~4회 정도 사용하는 것이 좋으며, 벽면 등의 넓은 면적에
사용한 롤러 커버는 1회 사용 후 교체하는 것을 권한다.

넓은 면에 칠할 때에는 7~9in의
와이어프레임을 사용한다. 소품 및
페인트는 던에드워드페인트 협찬.

3 안개처럼 분사하는 스프레이^{spray}

흔히 뿜칠이라고 알려진 방식에 쓰는 도구. 페인트를 안개처럼 분사하여 칠한다. 넓은 표면에 빠르게 칠할 수 있으며 균일하게 도포되어 고품질의 도막을 얻을 수 있다. 하지만 공기 중에 분사하는 방식이므로 페인트의 손실량이 많고 표면에 달라붙는 밀착도도 떨어진다. 페인트가 날리기 때문에 페인트 칠을 제외한 부위를 작업 전 보양해야 하고 도장 후에는 이를 잘 걷어내야 하는 등 뒷정리할 것도 많다. 사람이 작업하기 어려운 위치나 많은 면적을 작업해야 할 때 쓰면 좋은 방식으로 배, 자동차의 도장에 많이 쓰인다.

두껍고 균일한 표면을 만드는
에어리스 도장기

에어리스 스프레이 도장은 전기나 엔진의 힘으로 페인트 자체에 높은 압력을 가해 작은 구멍으로 분사하는 방식이다. 에어 스프레이 방식과 비교하면 페인트와 공기가 섞이지 않아 공기의 수분, 유분, 먼지로 인한 결함이 생기지 않는 것이 장점이다. 에어 스프레이보다 2~3배 더 두꺼운 도막을 얻을 수 있어 도장 면적이 넓거나 점도가 높은 페인트를 두껍게 칠해야 하는 경우에 쓰면 좋다.

에어리스 도장기는 압력을 만드는 압축펌프와 페인트를 일정한 압으로 분사하는 에어리스건으로 이루어진다. 에어리스건의 생명은 페인트가 뿜어져 나오는 구멍인 노즐팁. 노즐 구경의 크기와 팁의 모양에 따라 페인트의 분사량과 패턴, 도막의 형태가 달라지니 용도에 맞는 적절한 노즐팁을 선택하도록 한다.

압축공기로 페인트를 내뿜는
에어 스프레이 도장기

에어 스프레이 도장은 압축공기를 만드는 에어 컴프레셔와 에어 스프레이 건, 페인트통을 연결하여 안개처럼 분사하여 칠하는 방식이다. 도구가 비싸지 않고 다루는 방법이 간단해 초보자도 약간의 연습을 거쳐 해볼 수 있다.

원하는 표면을 얻기 위해서는 페인트가 분사되는 공기의 압력을 적절히 조절하는 것이 중요하다. 점도가 높은 페인트를 칠할 때는 노즐의 구경이 큰 것을, 점도가 낮은 페인트를 칠할 때는 구경이 작은 것을 쓴다. 주로 1.0~1.5㎜ 구경을 많이 사용하며, 초보자는 구경이 작은 것부터 연습한 뒤 차츰 크기를 늘려가는 것이 좋다.

분사하는 거리는 바탕면에서 30㎝ 정도 띄우고, 컴프레셔의 힘은 적어도 2.5~3마력을 유지하여 적절한 양의 페인트가 달라붙을 수 있도록 한다.

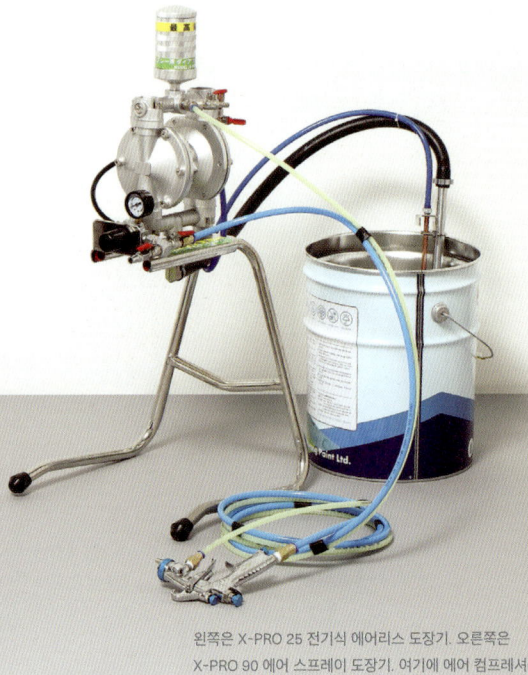

왼쪽은 X-PRO 25 전기식 에어리스 도장기. 오른쪽은 X-PRO 90 에어 스프레이 도장기. 여기에 에어 컴프레셔를 연결하여 사용한다. 기기는 평강사 협찬.

4 페인트칠을 돕는 또 다른 도구들

주걱은 건축 현장에서 헤라라고 불리며 평평한 바탕면을 만드는 도구다. 표면의 이물질을 긁어내거나 요철 부분을 접합제인 퍼티로 메꾸어 얇게 바를 때 사용한다. 콘크리트에 금이 간 부분 또는 철 표면의 구멍 난 부분에 많이 쓰인다. 소재에 따라 고무 주걱, 나무 주걱, 쇠 주걱 등이 있다. **커버링 테이프**와 **마스킹 테이프**는 페인트가 묻으면 안 되는 면에 페인트가 튀지 않도록 보호하는 보양 작업에 필요한 도구다. 마스킹 테이프는 주로 문틀, 몰딩과 같이 폭이 좁은 부분을, 커버링 테이프는 마스킹 테이프에 넓은 비닐이 붙어 있는 형태로 바닥이나 천장 등 넓은 면적을 가리는 데 쓰인다. 페인트를 보관하다 사용하는 경우 성분의 차이로 인해 색소 분리 현상이 있을 수 있다. 이때 **핸드믹서**로 페인트를 섞어준다. **트레이**는 페인트를 덜어 사용하는 접시. 필요한 만큼만 덜어 쓸 수 있고 페인트가 흐르지 않게 알맞은 양을 묻히기 좋다는 점에서 유용하다. 트레이 위에 비닐을 씌워 사용하면 페인트칠이 끝난 후에 비닐만 벗기고 다시 새것처럼 쓸 수 있다. **사포**는 페인트를 칠하기 전 바탕면을 고르게 정리하거나 칠해진 면의 붓, 롤러 자국을 없앨 때 쓴다. 표면의 거친 정도에 따라 숫자가 매겨져 있어 원하는 바탕면의 질감에 따라 골라 사용하며 일반적으로 80~600방을 사용한다.

(시계방향으로) 핸드믹서, 네 가지 규격의 커버링 테이프, 트레이, 주걱, 오프너, 마스킹 테이프, 사포. 소품 및 페인트는 던에드워드페인트 협찬.

촬영협찬
던에드워드페인트 www.jeswood.com
평강사 www.airlesspump.co.kr

Painting Guide

바탕면별 페인트 시공 가이드 글 정사은, 정경화

바탕면별로 바르는 페인트의 종류와 시공 방법이 다르다.
책에서는 모르타르와 시멘트를 필두로 하는 시멘트계 도장,
창틀이나 문, 난간 등에 시공하는 금속 도장, 데크나 계단 등에
쓰이는 목재 도상, 그리고 실내 벽과 천장, 바닥 등에 시공하는
실내 도장으로 구분하고 각각 쓰이는 페인트와 시공 방법, 주의
사항을 전한다.

Surface 1

콘크리트·모르타르·석고보드
시멘트계 도장

바닥의 시멘트 미장과 모르타르 위에도 페인트는 사용된다. 이 책에서는 노출콘크리트의 실내·외 마감면에 바르는 페인트를 중심으로 시공사에게 궁금한 점을 물었다.

Q. 노출콘크리트 구조 바탕면의 크랙은 어떻게 처리하는가?

A. 노출콘크리트 구조는 외부 기후에 고스란히 드러나 있기 때문에 크랙이 발생할 수 있는 여지가 높다. 구조에 영향을 미칠 정도로 크랙이 큰 경우, 주사기로 에폭시를 주입해 메운 뒤 크랙 보수제를 사용하고, 비내력벽처럼 별로 중요하지 않은 크랙은 퍼티로 그 틈을 메운 뒤 크랙 보수제를 이용해 표면을 정리한다. ─예지인종합건설 전문태 대표

A. 요즘은 노출콘크리트면도 깨끗하게 보이게 하기 위해 미장을 많이 한다. 하지만 일반적인 노출콘크리트 구조의 경우, 표면에 작은 공극이 생기면 레미콘을 받아와서 체로 한 번 거른 뒤 스타킹으로 짜기까지 해 고운 입자를 만들어내고, 이를 손가락으로 찍어 표시나지 않게 공극을 메운다.
─기로건설 김효일 대표

Q. 외장면에 발수 처리는 어떻게 하는가. 시공시 주의할 점은 무엇인가?

A. 발수 처리는 오염되지 않도록 하기 위한 공정이다. 빗물이 벽을 타고 흐르며 땟국물처럼 오염자국을 만드는데, 이를 방지해주는 역할을 한다. 이는 발수 처리뿐 아니라 설계 시에도 고려해야 하는 요소인데, 먼지나 오염물질이 벽을 타고 내려오지 않도록 지붕에 물끊기를 만들어주거나 물이 지붕 안쪽으로 흐를 수 있도록 옥상 두겁을 안쪽으로 경사지게 해주는 것이 좋다. ─기로건설 김효일 대표

A. 발수제는 표면의 질감과 색상을 바꾸지 않고 그대로 발수 기능을 더하는 과정이다. 발수제를 흠뻑 적셔서 한 번에 푹 스미도록 시공하는 것이 중요하다. 이때

목재의 결이 드러나는 노출콘크리트를 연출한 헤브리주택, 설계는 이재하건축사사무소, 시공은 제이아카이브.

송판노출면과 일반 노출콘크리트가 함께 시공된 판교동 주택, 설계는 이손건축건축사무소, 시공은 제이아키브.

시멘트 노출면으로 벽과 천장을 마감하고 바닥에는 에폭시페인트를 시공한
합정동 근생시설, 설계는 건축사무소 서가. 시공은 기로건설.

한 번에 흠뻑 해주는 것이 중요하다. 발수
처리는 2번 정도 시행한다. 1회 시공하면
얇게 침투된다. 두 번째는 보험 차원으로
시공한다. —예지인종합건설 전문태 대표

Q. 발수제의 유지보수 주기는 몇 년인가.
A. 외부 사용 시에는 2년에 한 번 처리한
뒤 5년 후에 다시 처리해주는 것이 좋다.
발수제를 처리한 건물은 비가 와도
얼룩지지 않고 젖지 않기 때문에 바로 알
수 있다. 노출콘크리트의 경우 물성이 맞지
않는 걸 잘못 사용하면 성질을 바꿔버려
표면이 부서지기도 한다. 석재의 경우,
분자구조가 바뀌어서 겉면이 바스러지는
경우가 있다. —제이아키브 김양길 대표

**Q. 노출콘크리트에 색을 입힐 때 어떤
재료를 사용하나?**
A. 노출콘크리트에는 전용 착색제 제품을
사용한다. 같은 회색이어도 색이 다양하다.
밝게도 만들 수 있고 어둡게도 가능하다.
이 착색제는 크랙이 가거나 패인 부분을
보수할 때 원래의 노출콘크리트 색에 맞춰
조색하는 데 쓰기도 한다.
—예지인종합건설 전문태 대표

**Q. 실내에 노출면을 그대로 두는 경우, 따로
바탕면에 처리해주는 방법은?**
A. 실내 계단에 콘크리트면이 노출될
경우에는 표면을 강화해주는 하드너를
바른다. 손자국이 나거나 걸레질을 할 때
물이 닿아 표면이 오염되는 것을 막아준다.
—제이아키브 김양길 대표

A. 제대로 시공한 노출콘크리트는 거푸집을
떼면 반질반질한 면이 그대로 나온다. 광이
날 정도로. 그럴 때는 따로 발수 처리를 하지
않는다. 오염을 방지하기 위해 발수 처리를
할 수 있겠지만, 그대로 두는 것이 좋다고
생각한다. —예지인종합건설 전문태 대표

**Q. 콘크리트에 페인트 시공 시 특별히
신경 쓰는 상황은 무엇인가. 이 상황에
대처하는 방법은?**
A. 최근에는 유성 발수제를 거의 사용하지
않는 추세이다. 유성 발수제는 바탕면의
온도가 높으면 마찰열로 인해 불이 붙을
수 있으며 환경에도 해롭다. 최근에는
도심지역에서 유성 발수제를 쓰지 않는
분위기며 수용성 발수제로 많이 바뀌고
있는 추세다. —세상을칠하자 안태석 반장

노출콘크리트의 매끈한 표면에 균일한 타공면이 돋보이는 프라우메디병원 별관.
실계는 게이디에이파트너스건축사사무소, 시공은 기로건설.

Step 1. 시멘트 바탕면 정리

콘크리트 구조와 노출콘크리트 마감면을 중심으로 시멘트 표면의 도장 처리 방법부터 도장용 페인트의 종류까지 다룬다.

노출 콘크리트를 마감면으로 활용한 내부 계단.
©제이아키브

콘크리트 골조를 마무리한 뒤 바닥면에 발수제로 수분의 침투를 막아주는 작업이 진행 중이다. ©제이아키브

마감 품질이 균일하지 못한 경우, 줄눈의 요철을 갈아내고 모르타르를 부분 미장해 보수한다. ©제이아키브

시멘트계에는 콘크리트나 모르타르 외에도 실내 마감재로 많이 쓰이는 석고보드의 바탕면을 고르기 위한 소석회인 석고 플라스터, 석면과 규사산으로 구성된 규산칼슘판 등이 있다. 시멘트계 도장은 노출콘크리트 표면 처리뿐 아니라 실내 마감면에도 적용되는 방식이지만, 이 책에서는 실내 마감 도장은 p.126에 별도로 구성한다.

pH관리

석회를 주성분으로 하는 시멘트계 바탕면의 경우 알칼리도가 높으면 도막이 연하게 변해 표면을 보호하기 어렵고 떨어져나가거나 하얀 가루가 일어나는 백화현상 등을 일으킬 수 있어 바로 페인트를 칠하기 어렵다. 특히 막 지어진 콘크리트 건물은 pH12정도의 높은 알칼리성을 띤다. 이 과정을 거쳐 페인트 시공 전 pH를 10 이하로 유지하는 것이 좋으며 이상적인 도장 산도는 pH8~9이다. 이때 1개월 이상 건조시킨다면 그동안 공기 중의 탄산가스와 반응해 중화, 알칼리성이 낮아진다.

수분처리

모르타르를 사용한 바탕면은 시멘트와 다량의 물을 사용하기 때문에 수분을 많이 함유하고 있고, 특히 한쪽 면에 단열재를 붙이는 경우에는 수분의 증발이 매우 느려 곧바로 페인트를 시공하기는 어렵다. 구조체의 수분함유율은 8%인 것이 좋고,

적어도 10% 이하일 때 시공하는 것이 좋다. 수분이 많을 경우 도막이 부풀거나 변색, 박리되는 결함이 발생할 수 있다.

균열과 백화현상

콘크리트 면에 0.3㎜ 이상의 균열이 있다면 페인트를 바르기 전에 균열 부위를 U자나 V자로 파낸 뒤 에폭시수지계 실러로 메운다. 그 뒤 합성수지 에멀션을 넣은 모르타르로 보수한다. 백화현상은 시멘트면이 수분을 많이 함유하고 있거나 알칼리성을 띨 때 발생한다. 도장 처리를 하기 전에 백화된 부분은 흙손 모양의 스크래퍼나 철수세미 같은 쇠솔로 긁어서 제거하는 것이 좋다.

표면 연마

바탕면의 먼지나 오물, 기름기를 제거한 뒤 80~100번 연마지로 연마해준다.

Step 2. 하도

페인트의 바탕면 작업 후, 프라이머로 바탕면과 상도 페인트가 잘 접착될 수 있도록 발라준다. 하도는 상황에 따라 1회 혹은 그 이상 시행한다. 모든 도장과 도장 사이에는 샌딩을 통해 표면을 매끄럽게 갈아내는 것이 원칙이다.

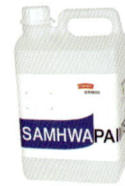

① 베어 프리미엄 초강력 프라이머
베어페인트 · 외장용
아크릴 라텍스수지

실외 모든 표면의 하도용으로 사용할 수 있는 페인트로 접착력이 강하고 얼룩을 차단하는 은폐력이 있다. 아크릴페인트로 수분을 차단하고 표면의 미세한 틈을 메꾸는 데 효과적이다.

② 인플러스 수성 실리콘 프라이머
삼화페인트 · 외장용
실리콘 아크릴 에멀션수지

신축 시멘트 건물의 외장이나 보수가 필요한 시멘트 부위의 전처리제로 적합한 페인트. 실리콘 아크릴수지를 사용해 접착력이 우수하며 삼화페인트 인플러스 수성 실리콘RS 제품과 사용 시 성능이 더욱 좋다.

③ CK 실리텍스 프라이마
조광페인트 · 외장용
특수 아크릴 에멀션수지

콘크리트 바탕면을 견고하게 해주고 알칼리화되는 것을 막아주는 하도용 페인트. 백화와 풍화 현상을 방지하며 상도의 접착력을 높여준다. 상도로 수성 실리콘 페인트를 사용하는 것이 좋다.

④ 킹 프라이마
조광페인트 · 내장 바닥용
특수 에폭시수지

콘크리트 바닥면에 에폭시를 시공하기 전, 상도의 부착성을 높이고 강도를 더하는 하도제. 특수 에폭시수지를 주성분으로 해 강도와 부착성이 기존의 에폭시 프라이머보다 뛰어나다.

⑤ 스틱스 초강력프라이머
벤자민무어페인트 · 외장용
아크릴 라텍스수지

콘크리트 외에도 석고보드, 목재, 비철금속 등 다양한 표면에 사용할 수 있는 수성 아크릴 우레탄 프라이머. 1회칠로 마감되며 표면의 결점을 효과적으로 가려준다. 다른 제품과 섞어쓰지 않도록 주의한다.

주의사항

1. 아크릴 에멀션수지 페인트는 물이나 알칼리에 강하고 내후성이 우수해 시멘트계 도장에서 좋은 성능을 내는 페인트다. 그러나 내부용과 외부용을 구분하여 쓰는 것이 중요하다. 내부용 페인트를 외부에 도장하면 6개월 후 색이 바래거나 도막 표면이 가루가 되는 쵸킹현상이 일어난다.

2. 콘크리트, 시멘트와 같이 pH 9 이하의 알칼리성을 띠는 바탕면에는 에나멜페인트나 조합페인트를 칠하지 않는다.

Step 3. 중상도

최종면이 되는 상도와 중도는 때로는 다른 제품을 사용하기도 하고, 한 제품이 여러 차례 쓰이며 최종 마감면을 형성하기도 한다. 특히, 다채무늬페인트Pce06처럼 반드시 상도가 별도 필요한 제품도 있으니 확인 후 시공하자.

① 실크리트 덤프록

던에드워드페인트 • 외장용
수성 아크릴

콘크리트 벽면이나 바닥 기초에 시공하면 강력한 방수효과를 내는 페인트. 접착력이 강해 하도제를 칠하지 않아도 된다. 외부로부터의 습기를 차단해 악취와 곰팡이 발생을 줄여주어 특히 지하에 추천한다.

② 실크리트 오리지널

던에드워드페인트 • 외장용
수성 아크릴

콘크리트 표면 속에 깊이 들어가 방수층을 형성하는 침투성 방수제. 방수 및 발수 성능이 우수하며 콘크리트 면에 흡수되어 가루나 먼지 날림을 막아준다. 지하에는 쓰지 않는다.

③ 베어 프리미엄 플러스 울트라 저광

베어페인트 • 외장용
아크릴 라텍스수지

100% 아크릴 성분으로 촘촘한 입자가 외부의 먼지가 침투하는 것을 막아주어 표면을 깨끗하게 유지한다. 입자의 탄성력이 높아 햇빛, 온도, 습기 등의 변화에 잘 적응하기 때문에 수명이 긴 제품이다.

④ 울트라 스펙 익스테리어

벤자민무어페인트 • 외장용
아크릴수지

콘크리트 외에 목재, 비닐, 알루미늄 소재에도 사용할 수 있는 외벽용 페인트. 특수 아크릴수지를 사용하여 내구성과 은폐력이 뛰어나며, 곰팡이 억제 기능이 있는 것도 장점이다.

⑤ 인플러스 수성 실리콘 RS

삼화페인트 • 외장용
실리콘 아크릴 에멀션수지

실리콘 아크릴 에멀션수지를 주성분으로 하여 내수성, 내알칼리성이 우수한 수성페인트Pce01. 오염이 잘 되지 않고 더러워져도 쉽게 씻긴다. 내후성, 통기성도 좋아 실외에 칠하면 오랫동안 견고한 표면을 유지해준다.

⑥ 자연N 외벽용 럭스(LUXE)

조광페인트 • 외장용
아크릴 실리콘 에멀션수지

실외 콘크리트 벽면에 칠하는 수용성 실리콘 페인트. 아크릴 실리콘 에멀션수지와 내후성 안료를 사용하여 외부 환경에 잘 견딘다. 유지관리가 쉬워 재도장이 어려운 고층 아파트나 빌라에 많이 쓰인다.

⑦ 킹 세라믹 상도 투명

조광페인트 • 콘크리트 바닥용
특수 에폭시계 세라믹수지

특수 에폭시계 세라믹수지를 주성분으로 하여 경도가 매우 높아 표면의 손상이 적다. 무거운 물체가 지나가면 생기는 스키드 마크가 거의 생기지 않아 지게차나 중량물이 많은 공장에서 주로 쓰인다.

⑧ 숲으로 네오실-PLUS

KCC페인트 • 외장용
실리콘 아크릴 에멀션수지

실리콘 아크릴 에멀션수지를 사용하여 물에 강한 페인트. 다공성 도막 구조를 형성해 수증기를 투과하므로 물에 잘 젖지 않고 오염도 적게 발생한다.

Surface 2

철·알루미늄·아연도금판

금속 도장

철골, 난간, 펜스, 차양 등 다양한 형태로 성형이 가능해 디자인 요소로 많이 쓰이는 금속. 금속에 도장면을 만드는 실제 시공사의 노하우를 들어보자.

Q. 최근 현장에서 많이 쓰이는 갈바륨의 바탕면 처리 시 주의할 점은 무엇인가?

A. 갈바륨은 주로 얇은 철판 형태로 많이 쓴다. 공장 출하 시 열처리를 통해 강한 도막이 만들어진 상태로 오기 때문에 표면에 녹이 잘 슬지 않는다. 하지만 절곡하고 용접하는 부위는 도막이 벗겨지고 녹이 생기기 마련이다. 용접 후 폴리에스테르 수지로 만든 강한 퍼티를 사용해 사이를 메워준다. 이후에 프라이머와 상도를 차례로 입혀야 하는데, 프라이머를 생략하면 100% 하자가 발생한다. 프라이머는 1회, 중상도는 2~3회 정도 칠해준다. —기로건설 김효일 대표

Q. 철재 시공 시 바탕면 처리 방법은 무엇인가?

A. 금속으로 난간이나 계단 등을 제작하고 바로 페인트를 칠하지 못하는 경우가 많다. 이미 용접 부위나 표면은 부식이 진행되고 있다. 그때, 이음 부분에 스프레이로 나온 녹방지페인트를 뿌려둔다. 그 후 정식 도장 전에 표면을 갈아내면서 이 녹방지페인트를 제거하고 바탕면 다지기부터 다시 작업하는 것이 정석이다. —예지인종합건설 전무태 대표

A. H빔이나 평철 같은 순수한 철은 공장에서 아무런 도장 처리를 하지 않고 현장에 오는 경우가 많다. 어떤 시공사는 철이 도착하자마자 방청페인트Pme07를 칠해 녹을 막은 뒤에 용접해둔다. 이때, 철재 표면에 미세한 불순물과 유분이 묻기 쉽기 때문에 우리는 그 순서를 따르지 않는다. 우리 현장에서는 녹막이용 방청페인트를 바르는 시점이 금속을 설치하고 한참 뒤이다. 금속이 현장에 도착하면 일단 용접해 설치부터 한다. 설치해둔 상태로 며칠을 지내면 표면에 묻어

아연과 알루미늄 합금을 도금한 갈바륨을 이용해 안내 데스크의 벽과 테이블의 상판을 만들었다. 비아이티 살롱 센트럴시티점. 설계는 더플레이스 디자인연구소, 시공은 예지인종합건설.

있던 기름기가 날아가고 용접 부위에 살짝 녹이 슬기도 한다. 방청페인트는 도장 공사 때 본격적으로 바른다. 우선 사포로 표면을 곱게 갈아내어 녹과 함께 용접 부위의 요철 등도 정리하고 그 이후에 방청페인트를 꼼꼼히 바른 뒤 하도, 상도를 칠한다. 이 공정으로 했을 때 더 내구성이 높아진다. 또 하도제로 광명단 조합페인트보다는 우레탄 방청페인트를 바르는 것이 내구성과 표면 처리 측면에서 좋다. —기로건설 김효일 대표

Q. 스테인레스 스틸 시공 시 바탕면 처리 방법은 무엇인가?

A. 스테인레스 스틸의 경우 표면에 도막이 잘 붙지 않는 특징이 있기 때문에 에폭시 수지를 사용한 하도제를 발라 접착력을 높여주어야 한다. 빨리 마르고 부착력이 좋은

삼화 스피폭시 FD 프라이머를 사용한다. —세상을칠하자 안태석 반장

Q. 금속의 이음매에 사용하는 퍼티의 물성과 제품은 무엇인가?

A. 금속은 열에 의한 수축팽창이 활발한 재료이다. 특히 접합부에서 수축팽창이 지속적으로 발생하는데 그 사이를 메우는 퍼티는 반드시 탄성이 있는 재료를 이용해야 한다. 주로 테라코코리아의 핸디 탄성퍼티를 사용한다. 퍼티는 두툼하게 바른 뒤 그라인더로 갈아내면서 면을 평평하게 다지는 방식으로 시공하고, 난간 곡선부위 등에는 폴리에스테르 소재의 아크릴필러 제품을 사용한다. —제이아키브 김양길 대표

A. 실외 금속의 이음매에는 폴리에스테르 퍼티나 연성이 강한 탄성 퍼티를 주로

Ⓒ케이아키브

23years old 프로젝트처럼 철제 H빔을 외부에 노출하는 디자인에서는 내화페인트를 시공해
구조체를 화재로부터 보호해야 하고 기후로부터 보호하기 위한 방청페인트 시공도 필요하다.
설계는 경계없는작업실, 시공은 제이아키브.

ⒸJ디자인스튜디오

지하로 내려가는 계단 부위에 경쾌한 분위기를 만들기 위해 금속으로 시공한 한일카페트 쇼룸.
설계와 시공은 디자인스튜디오.

사용하고, 실내의 경우 앞의 퍼티와 함께 상황에 따라 아크릴 소재의 퍼티도 사용한다.
—스노우에이드 김현주 대표, 대명도장 심성훈 대표

Q. 금속 도장 시 유의할 점은 무엇인가?

A. 금속의 최종 상도는 최소 2회, 많으면 5회까지도 도장한다. 여러 번 칠할수록 마감면이 튼튼하고 매끄럽다. 도장과 도장 사이에는 반드시 샌딩 처리를 해야 표면이 깨끗하게 정리되고 다음 도장의 부착력이 올라간다. —세상을칠하자 안태석 반장

A. 유성페인트 중에서도 래커는 빨리 마르고 조합페인트는 늦게 마르는 특성이 있다. 빨리 마를수록 붓자국이 남거나 얼룩이 생기기 쉽기 때문에 노련한 시공 기술자가 필요하다. 요즘에는 얼룩이 좀 덜 생기는 스프레이 방식으로 시공하는 경우가 많다.
—기로건설 김효일 대표

A. 유성페인트는 가급적이면 공장에서 시공해 현장에서는 설치만 하는 것이 좋다. 품질 면에서, 또 환경적인 측면에서도 말이다. 방화문이나 창문의 두겁 등은 기건이 된 상태인 완제품으로 들어오면 도막도 훨씬 강하고 내후성도 뛰어나다. 현장에서는 가급적 수성페인트만 시공하도록 하는 편이다. —제이아키브 김양길 대표

Q. H빔이나 철골구조에 내화페인트를 시공하는 방법은 무엇인가?

A. 철은 화재에 취약해 일정 온도 이상으로 올라가면 구조재로서의 기능을 완전히 상실한다. 구조용 철은 내화페인트Pme10를 발라 화재로부터 일정 시간 보호받게 한다. 불이 닿으면 표면이 기포처럼 부글부글 끓으며 막을 형성해 철골에 바로 열이 닿는 것을 일정 시간 동안 지연하는 역할을 한다. 제품은 1시간, 2시간, 3시간용 제품이 있다. 실제 시공할 때는 지침보다 다소 두껍게 시공해 기능을 올리기도 한다.
—예지인종합건설 전문태 대표

판재 형태의 금속을 현장에서 용접으로 잇고 사이를 퍼티로 연결한 뒤 원하는 색으로 최종 도장한 N 하우스. 설계는 천가옥건축, 시공은 제이아키브.

Q. 공장 제작용인 분체도장과 불소수지 도장은 어느 부위에 사용되는가? 또 현장에 시공하면서 접합 부위나 도장면 일부가 파손되는 경우, 어떻게 보수하는가?

A. 외부 창틀과 지붕의 두겁, 방화문 등에 활용한다. 공장에서 불소수지나 분체페인트로 도장을 해오면, 현장에서는 설치만 하면 된다. 하지만 접합부의 도장이 벗겨지거나 용접을 해야 하는 경우도 생겨 도장면이 깨지는 일이 왕왕 발생한다. 이때는 비슷한 컬러로 보수도장을 한다. 방화문은 공장제작을 하고, 문틀만 현장에서 제작해 이음 부분을 최소화하기도 한다. —제이아키브 김양길 대표

A. 공장에서 분체도장을 해오면 표면의 강도도 높고 내구성도 뛰어나다는 장점이 있지만, 도장면이 깨져서 수선하는 경우에는 분체도장의 컬러와 현장의 컬러가 달라 애를 먹기도 한다. 분체도장 제품을 현장에 시공할 때는 이음매를 용접하지 않아도 이어붙일 수 있도록 절곡해 현장에서는 나사만 박아서 연결할 수 있도록 한다.
—예지인종합건설 전문태 대표

A. 무엇보다 보양을 잘 해야 한다. 그리고 문의 경우 오가며 도장면이 파손될 수 있으므로 가장 마지막에 시공한다. 문과 틀을 연결하는 부위가 벗겨질 때는 분체도장 공장에서 같은 색의 페인트를 가져와 미술용 붓으로 수선하기도 한다.
—기로건설 김효일 대표

Q. 금속에 도료 시공 시 대표적으로 발생하는 하자 상황과 대처법은 무엇인가?

A. 바탕면에 녹제거가 제대로 되지 않았을 때나, 프라이머를 바르지 않고 상도를 바르는 경우가 있다. 이는 시공 당시는 눈에 띄지 않지만, 도장면이 벗겨지고 내구도가 현저하게 떨어지는 등 얼마 지나지 않아 반드시 하자가 발생한다. 이때는 전체 도장을 벗겨내고 바탕면 작업부터 다시 해야 한다.
—스노우에이드 김현주 대표, 대명도장 심성훈 대표

A. 아연도금철판인 갈바륨을 연결할 때, 그 안쪽 하지에 각재를 대어 금속을 고정하기도 하는데 이때 하지용 각재의 간격이 일정하지 않으면 표면이 꿀렁거릴 수 있으며, 이에 따라 허술한 이음매에는 틈이 생기기도 한다. 물론 그 위의 도장면 역시 갈라질 가능성이 크다. 이음매를 폴리에스테르 소재의 퍼티로 메운 뒤, 밀도가 성긴 얇은 천인 한랭사를 대어 두 면 사이를 잡아주고, 이 과정을 한 차례 더 반복해야 이런 하자를 예방할 수 있다. —세상을칠하자 안태석 반장

주택에서 금속은 계단과 난간 등에 주로 쓰인다. 자유롭게 형태를 만들 수 있는
금속의 활용을 확인할 수 있는 파이(π)림(林) 계단부. 설계는 조성욱건축사사무소,
시공은 제이아키브.

Step 1. 금속 바탕면 정리

건축에서 금속은 창틀, 문, 난간, 지붕의 두겁 등 구석구석에 다양하게 쓰인다.
모든 금속면에는 표면 보호와 이음매의 연결을 위해 도장 처리가 필요하다.

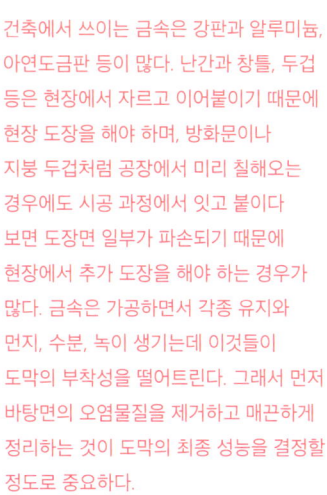

에어스프레이를 사용해 상도를 도포하는 모습.
©제이아키브

금속에 방청페인트로 녹을 방지하는 과정. ©제이아키브

건축에서 쓰이는 금속은 강판과 알루미늄, 아연도금판 등이 많다. 난간과 창틀, 두겁 등은 현장에서 자르고 이어붙이기 때문에 현장 도장을 해야 하며, 방화문이나 지붕 두겁처럼 공장에서 미리 칠해오는 경우에도 시공 과정에서 잇고 붙이다 보면 도장면 일부가 파손되기 때문에 현장에서 추가 도장을 해야 하는 경우가 많다. 금속은 가공하면서 각종 유지와 먼지, 수분, 녹이 생기는데 이것들이 도막의 부착성을 떨어트린다. 그래서 먼저 바탕면의 오염물질을 제거하고 매끈하게 정리하는 것이 도막의 최종 성능을 결정할 정도로 중요하다.

녹 제거─연마지

금속, 특히 가장 많이 쓰이는 철은 공기 중 산소와 만나 검붉은 색의 녹이 발생한다. 현장에서 녹을 제거할 때는 연마지로 갈아내는 방법과 블라스트라는 공법을 사용한다. 흔히 사포로 알고 있는 연마지는 표면의 거칠기에 따라 종류가 다양하며 숫자가 낮을수록 거칠고 높을수록 곱다. 금속 바탕면 녹제거 시에는 다소 거친 연마지로 표면을 갈아낸다.

녹 제거─블라스트

블라스트 공법은 알갱이를 뿜어서 산화막을 물리적으로 제거하는 방식이다. 모래를 이용한 샌드 블라스트sand blast, 쇠구슬을 이용한 쇼트 블라스트shot blast, 쇳가루를 이용한 그릿 블라스트grit blast방식이 주로 쓰인다. 블라스트 처리 후 표면이 거칠어지거나 요철이 생기는 경우가 있는데, 거칠기가 70㎛ 이하여야 도장 품질에 영향을 미치지 않으므로 분사하는 알갱이의 크기와 강도를 잘 조절해야 한다.

먼지와 기름기 제거

먼지와 수분, 기름 등 더러운 곳이 있다면 천에 휘발유를 묻혀 닦아낸다.

오염물질 제거

이 외에도 요철이 많은 부분의 녹은 와이어 브러시wire brush를 이용해 제거하는 방법이 있으며, 단단하게 부착된 녹이나 오염물질은 스크래퍼scraper로 가볍게 긁어낼 수도 있다. 물리적인 제거 방법 외에도 염산이나 황산, 인산 등으로 닦아낸 뒤 추가로 물로 세척해 중화하는 화학적 제거 방법을 사용하기도 한다.

Step 2. 하도

페인트의 바탕면 작업 후, 프라이머로 바탕면과 상도 페인트가 잘 접착될 수 있도록 발라준다. 하도는 상황에 따라 1회 혹은 그 이상 시행한다. 모든 도장과 도장 사이에는 샌딩을 통해 표면을 매끄럽게 갈아내는 것이 원칙이다.

① 센스멜 방청 하도
KCC페인트 • 내, 외장용
장유성 알키드수지

실내외의 철재 구조물에 사용하는 방청 프라이머. 장유성 알키드수지를 주원료로 하여 방청력과 부착력이 우수하며, 다음 도장을 위한 안정적인 바탕면을 만들어준다. 무광이며 적갈색을 띤다.

② 블록-러스트
던에드워드페인트 • 내, 외장용
수용성 알키드수지

아연도금을 제외한 모든 금속에 초벌이 가능한 방청 수성페인트. 기공이 없는 밀실한 도막을 형성하여 수분이 금속 표면에 닿지 못하게 한다. 상도로 아리스토쉴드를 함께 쓰면 좋다.

③ 프로폰(S) FROPON(S) FLASH 프라이머
조광페인트 • 내, 외장용
불소수지(PVDF) 아크릴수지

내후성이 높은 불소수지와 고내식성 방청 안료로 만들어져 물성과 색상을 오랫동안 유지한다. 열경화성 페인트로 공장의 자동 도장 시스템에서 주로 쓰인다. 프로폰(S) 페인트를 상도로 사용한다.

④ 세루폰(S) CERUPON(S) 프라이머
조광페인트 • 내, 외장용
세라믹수지(Si-O)

알루미늄이나 전기도금강판으로 만든 프레임, 패널의 하도용 페인트. 주성분인 무기질계의 세라믹수지(Si-O)는 규소와 산소가 강하게 결합하여 오랫동안 단단한 도막을 지속하며 화재에도 안전하다.

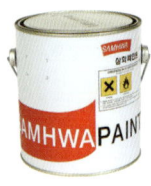

⑤ ONE-STOP 방청프라이머
삼화페인트 • 외장용
알키드수지

철재면에 사용하는 방청 프라이머. 중금속이 들어가지 않은 고순도의 방청안료와 알키드수지로 만들어져 퍼짐성이 좋아 표면에 잘 접착되며, 내구성도 뛰어나다. 상도로 알키드수지 페인트를 칠한다.

Step 3. 중상도

최종면이 되는 상도와 중도는 때로는 다른 제품을 사용하기도 하고, 한 제품이 여러 차례 쓰이며 최종 마감면을 형성하기도 한다. 특히, 다채무늬페인트처럼 반드시 상도가 별도 필요한 제품도 있으니 확인 후 시공하자.

① 베어 프리미엄 플러스 울트라 반광
베어페인트 • 외장용(문, 창틀)
아크릴수지

사람의 손이 자주 닿거나 통행이 많은 공간의 문, 창틀에 적합한 페인트. 습기나 오염에 대한 저항성이 강하고 기후변화에 영향을 적게 받아, 창고문이나 차고문에 많이 사용한다.

② 아리스토쉴드
던에드워드페인트 • 외장용
수성 우레탄 알키드수지

출입문, 난간 등 실외의 금속 표면에 사용하는 페인트. 수성 제품이지만 굳고 나면 유성페인트와 같은 강도를 낸다. 유동성이 높아 평탄하고 매끄러운 표면을 만들 수 있다.

③

④

③ 센스멜골드

KCC페인트 • 내, 외장용
알키드수지

실내외의 철재, 목재면에 칠하는 에나멜
페인트. 알키드수지를 주성분으로 하여
단단하고 오래가는 도막을 형성한다. 특히
석유와 그리스 같은 유지에 견디는 성질이
우수하다.

④ 프로폰(S) FROPON(S)

조광페인트 • 내, 외장용 • 불소수지

공장에서 알루미늄, 아연도강판, 스테인레스
자재를 도장할 때 사용하는 상도용 페인트.
프로폰(S) FLASH 프라이머와 이 제품을
각각 뿌리고 한 번에 경화하는 2 Coat-1
Baking 방식으로 도장한다.

⑤

⑥

⑤ 세루폰(S) CERUPON(S)

조광페인트 • 내, 외장용
세라믹수지(Si-O)

안정적인 세라믹수지를 주성분으로 하여
화학적, 기계적으로 쉽게 변질되지 않고
우수한 물성을 낸다. 오랜 수명이 요구되는
건물의 내외부에 칠한다. 세루폰 프라이머와
함께 사용한다.

⑥ 리갈 하이빌드

벤자민무어페인트 • 외장용
아크릴 라텍스수지

하도가 칠해진 금속 외에도 합판, 적삼목과
같은 목재와 벽돌, 콘크리트에 칠할 수 있는
다목적 페인트. 표면에 강하게 접착하여
높은 은폐력과 강한 내구성을 발휘한다.
곰팡이 방지 기능도 있다.

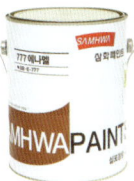

⑦

⑧

⑦ 777에나멜

삼화페인트 • 외장용
알키드수지

철재 및 목재물의 표면 보호에 적합한
상도용 페인트. 알키드수지 프라이머와 함께
사용하면 우수한 접착력과 작업성을 내며
고광택의 강도 높은 도막을 만든다.

⑧ 베어 알키드 저광

베어페인트 • 내장용(문, 창틀)
알키드수지

실내 문이나 창틀의 금속을 비롯하여
다양한 표면에 사용하는 알키드수지 페인트.
퍼짐성이 좋아 잘 발리고, 평활하고 매끈한
면을 만든다. 마른 후에 표면이 끈적이지
않는 것도 장점이다.

⑨

⑨ 리갈 셀렉트

벤자민무어페인트 • 내장용
아크릴 라텍스수지

실내 철문, 싱크대, 몰딩, 걸레받이 등 금속,
목재 가구에 많이 사용한다. 냄새가 적고
건조가 빨라 칠하기가 쉬운 것이 장점이다.
이미 페인트칠이 되어 있는 면에 별도의
프라이머 없이 칠할 수 있다.

주의사항

1. 금속은 표면이 미끄럽기 때문에 하도를 도장하지 않고 바로 페인트를 바르면 금방 들뜨거나 일어난다.
   금속에 사용 가능한 하도 제품을 칠해 적절한 바탕면을 만들도록 한다. 금속면에 사포질을 한 후 프라이머를
   칠하면 제품의 접착력을 더 높일 수 있다.
2. 녹이 많은 철판에 페인트를 칠할 때에는 에나멜페인트보다 침투력이 좋은 유성페인트를 칠하는 것이 좋다.
3. 금속 표면에 여러 번 도장하는 경우에는 반드시 도장면을 건조하고 연마한 뒤에 다시 도장하도록 한다.

Surface 3

내외장 목재·방부목·가구재

목재 도장

수종과 사용 부위에 따라 가장 많이 변형이 일어나는 목재. 표면을 보호하고 색을 더하는 목재용 페인트 사용에 대한 현장 이야기를 들어본다.

실내에 바닥과 가구, 계단재로 목재가 사용된 판교동 주택. 설계는 이손건축건축사사무소, 시공은 제이아키브.

Q. 외장재로 목재를 사용할 경우 추천하는 수종이 있다면?

A. 외벽에 주로 쓰이는 목재의 경우 방킬라이, 멀버우, 이페 등의 하드우드를 사용하는 것이 좋다. 하드우드는 특별히 관리를 해주지 않아도 기후와 온습도에 버틴다. 이페는 아이언우드로 불릴 정도로 밀도가 높고 단단해서 오일스테인을 바르지 않아도 변형되지 않는다.

—제이아키브 김양길 대표

이페를 사용하면 도장이 필요 없고 유지관리가 용이하다. 외벽에 목재를 시공할 때는 원목의 절단면과 뒷면에도 반드시 오일스테인oil stain을 발라주어야 한다.

—디자인스튜디오 김종호 대표, 김의술 공무이사

A. 가급적이면 목재로 외장을 마감하는 것은 권하지 않는다. 외장재 중에서도 가장 먼저 A/S문의가 오는 것이 목재이다. 하드우드는 단단하다 보니 오히려 칠이 먹지 않는다. 그래서 칠을 하면 1년 정도 지나 얇게 피막이 벗겨지는 아이러니한 상황이 발생하기도 한다. —예지인종합건설 전문태 대표

Q. 외장 목재면에는 최종 마감으로 어떤 페인트를 사용하는가? 그 이유는 무엇인가?

A. 어떤 목재이든 자연목재일 경우는 코팅이나 마감재 없이는 오래 보존하기 어렵다. 오일이 주성분인 스테인을 가장 많이 사용하는데, 요즘은 투명한 색부터 어두운색까지 다양하게 연출이 가능한 제품이 많아 원목의 색을 바꾸는 데도 유용하다.

—스노우에이드 김현주 대표, 대명도장 심성훈 대표

A. 외부에는 오일스테인 외에는 다른 도장 처리를 하지 않는 것이 좋다. 자외선 때문에 도장면이 파손되기 쉽기 때문이다. 오일스테인은 2~3년에 한 번씩 칠해주는 것이 좋다.

—디자인스튜디오 김종호 대표, 김의술 공무이사

A. 목재에 침투하는 스테인류로 최종마감을 한다. 이는 목재 표면을 보호해주는 역할을

How to Paint

119

목재를 외장재로 마감한 현대해상 사옥의 라운지 공간. 설계와 시공은 디자인스튜디오.

한다. 스테인을 칠한 뒤 그 위에 물을
떨어트리면 물이 스미지 않고 맺혀 있게
된다. 나무의 색을 바꾸려면 수성 스테인
후 오일스테인을 사용하고, 색 변경을 하지
않는다면 오일스테인만 바른다.
—제이아키브 김양길 대표

Q. 실내에 사용하는 원목은 어떤 마감
　처리를 하는가? 또 계단 발판이나 난간
　손스침 등 손이 많이 닿는 목재 부위는
　별도의 처리가 필요한가?

A. 원목이나 천연무늬목에는 여러 번 수직
수평 방향을 겹쳐서 바르는 래커Pwo03,
Pme06를 주로 사용한다. 투명래커는 도막이
얇고 부착력이 다소 떨어지기 때문에
계단 및 손스침 등 사람 손이 많이 닿는
곳은 내구성과 내마모성이 우수한 래거
에나멜수지의 페인트를 사용한다.
—디자인스튜디오 김종호 대표, 김의술 공무이사

A. 실내 마감할 때는 폴리우레탄 소재의
수용성 페인트를 사용한다. 이탈리아
아쿠아리스사의 레너스라는 바니시Pwo01를
사용하는데 래커보다 광이 고급스럽고 건조
시간도 30분 정도로 짧아 작업 효율이 좋다.
단, 뿜칠 작업이 불가능해 붓으로 일일이
칠해줘야 하는 단점은 있다.
—세상을칠하자 안태석 반장

A. 빈티지한 느낌을 원할 때는 코팅제를
사용하고, 계단처럼 이동이 잦은 곳은 강화
페인트를 사용한다. 도장 횟수에 정답은
없다. 1회만 도장할 때는 자연스러운 목재의
질감과 멋을 살릴 수 있지만 스침이나
흠집에 약하고, 여러 번 칠할 때는 가벼운
스침에는 강하지만 도막이 두껍다 보니 강한
충격을 받으면 도막이 깨질 가능성이 크다.
—스노우에이드 김현주 대표, 대명도장 심성훈 대표

A. 같은 실내 난간이라고 하더라도
지속적으로 유지보수가 필요한 다중시설의
경우 더 단단한 도막을 만드는 래커로
마감하는 것이 좋고, 소규모 인원이 쓰는
주택의 난간에는 에나멜페인트Pme02,
Pwo05를 사용한다. —제이아키브 김양길 대표

근대건축물을 재사용채 만든 상계 북빌리지. 목구조가 고스란히 실내로 노출된 모습이다.
설계와 시공은 스노우에이드.

Q. 주택에서 목재가 사용되는 대표적인
　경우가 데크이다. 이때 사용하는 목재와
　페인트 종류는 무엇인가?

A. 데크재의 종류에 따라 틀의 재료와
후처리 도장법도 달라진다. 방부 처리된
S.P.F 계열 소프트우드를 시공할 때는 하부
틀을 같은 나무로 짠다. 멀바우나 이페 등
하드우드를 데크로 사용하면 하중을 견뎌야
하고 공사금액도 올라가기 때문에 금속
파이프를 활용해 틀을 짠다. 내구 연한에서도
2배 이상의 차이가 난다. 소프트우드는
반드시 오일스테인 처리를 해줘야 하지만
하드우드는 별다른 처리를 하지 않아도 된다.
— 제이아키브 김양길 대표

Q. 목재에 페인트 시공 시 대표적으로
　발생하는 하자 상황과 대처법은
　무엇인가?

A. 표면의 오염 물질이나 거친 면을 다듬지
않고 그대로 사용하면 도장 시 들뜨는
현상이 발생하고, 연결 부위를 재도장할 때
색이 달라지는 현상이 발생한다. 이물질을
깨끗하게 제거한 뒤에 도장하고 연결 부위는
여러 번 겹쳐 도장해 표시가 나지 않도록
한다.
—스노우에이드 김현주 대표, 대명도장 심성훈 대표

A. 목재는 하자가 생기기 쉬운 재료이다.
건조 상태가 좋고 목재 바탕면의 평활도를
체크해야 한다. 작업 환경의 습도가 75%
이내, 온도는 5℃ 이상일 때 작업한다.
—디자인스튜디오 김종호 대표, 김의술 공무이사

A. 함수율이 15~18% 이하인 목재를 써야
뒤틀림과 수축팽창이 없고 시공 안정성이
있다. 특히 습도가 높은 장마철에 목재로
내장을 시공할 때 이 함수율을 넘는다면
시공하지 않는다. —예지인종합건설 전문태 대표

Q. 최근 현장에서 시공한 목재용 페인트 중
　만족스러운 성능이나 디자인 구현력을
　보인 제품이 있다면?

A. 수용성스테인, 오일스테인, 본덱스스테인,
코스모스테인 등을 즐겨 사용한다. 바람,
비, 햇빛으로부터의 손상 방지를 위해
2회 도장하는 것을 원칙으로 한다. 외부는
2년 주기로 도장하는 것을 추천한다.
—스노우에이드 김현주 대표, 대명도장 심성훈 대표

A. 수분의 침투를 막기 위해 319퍼티를
사용한다. 바탕면에 하도로 바르면 물을 더
이상 빨아들이지 않는다. 또 스테인 중에는
올림픽 스테인을 주로 사용한다.
—제이아키브 김양길 대표

바닥재와 동일한 컬러의 목재를 사용해 재료의 연속성을 더한 주택 바라움의 계단부.
설계는 필립종합건축사사무소, 시공은 예지인종합건설.

Step 1. 목재 바탕면 정리

건물의 외장에 디자인 요소로 사용하기도 하고, 데크와 난간, 실내 계단재와 내장재로 두루 쓰이는 목재. 건축에서 쓰이는 목재의 표면 처리와 도장재를 알아보자.

나무는 수많은 수종이 있고 각각 함수율, 휨강도, 가공성 등이 모두 달라 하나로 정리하기 어렵다. 또 온도와 습도의 영향을 많이 받는 재료인데다가 팽창과 수축이 반복되기 때문에 도장 방법에도 세밀한 주의가 필요하다.

표면 연마

가구와 창호, 바닥, 계단 등 실내에 사용하는 목재는 투명한 페인트로 도장해 특유의 결을 살리고 촉감과 모양을 유지하도록 한다. 먼저, 연마지로 요철을 평평하게 다지는데 1차 연마는 50~100번 연마지를 이용하고, 2차로 더 고운 150~220번 연마지로 재연마한다.

착색

원목이 가지고 있는 색을 바꾸고 싶을 때 착색제를 사용한다. 색을 내는 안료인 토분에 본드와 물을 섞어서 칠해준 뒤 목재의 결을 따라 밀어넣어 자연스레 착색과 눈메움을 동시에 하기도 하고, 오일스테인을 사용해 질감은 살리면서 명암만 조절하는 방식으로 색을 바꾸기도 한다.

오염 제거

침엽수종의 경우 송진 때문에 착색제가 얼룩지기도 하고, 도막이 떨어져나가기도 한다. 표면에 딱딱하게 굳은 송진을 칼로 깎아내고, 내부에서 배어나오는 송진은 인두로 녹여서 빠져나오게 한 뒤 휘발유나 등유, 메탄올 등으로 제거하고 그 위에 바니시를 발라서 메워준다. 연마지를 이용해 오염을 제거하는 방법도 있다. 손에 잡힐 만한 크기의 평평한 나뭇조각에 연마지를 부착해 바탕면에 대고 무지르는 방법으로, 부분적으로 오염된 부분을 긁어내는 데 효과적이다. 또, 표면에 물을 가볍게 적신 뒤 보풀과 상처, 오염을 제거하는 연마 방법과 백등유를 사용한 기름 연마도 있다.

검은 탄닌 보수법

목재를 사용하다 보면 생기는 곰팡이 같은 검은 얼룩은 목재가 썩지 않도록 천연 방부제 역할을 하는 탄닌tannin이 녹아 나온 것이다. 이는 페인트 칠 전에 표면 퍼티 작업이 제대로 되지 않았을 때나 습기가 많은 곳에 목재가 노출되었을 때 발생한다. 탄닌은 옥산살이 포함된 목재용 표백제를 사용하여 제거할 수 있으며, 처음부터 생기지 않게 하기 위해서는 목재용 프라이머를 꼼꼼히 발라주는 것이 좋다.

Step 2. 하도

페인트의 바탕면 작업 후, 프라이머로 바탕면과 상도 페인트가 잘 접착될 수 있도록 발라준다. 하도는 상황에 따라 1회 혹은 그 이상 시행한다. 모든 도장과 도장 사이에는 샌딩을 통해 표면을 매끄럽게 갈아내는 것이 원칙이다.

① 이지프라임
던에드워드페인트 • 내, 외장용
수성페인트

목재를 사용하다 보면 탄닌 성분이 녹아 나와 표면에 눈물자국 같은 검은 얼룩을 만든다. 이러한 현상을 막아주는 프라이머로 탄닌이 많이 나오는 적삼목이나 큐링, 멀바우 같은 목재에 사용하면 더 좋다.

② 울트라그립
던에드워드페인트 • 내장용
아크릴 라텍스수지

목재를 비롯한 다양한 소재에 칠하는 하도용 페인트. 건조되면서 수지 입자가 표면에 밀착하여 강한 접착력을 낸다. 냄새나 유해 물질도 효과적으로 차단한다.

Step 3. 중상도

최종면이 되는 상도와 중도는 때로는 다른 제품을 사용하기도 하고, 한 제품이 여러 차례 쓰이며 최종 마감면을 형성하기도 한다. 특히, 다채무늬페인트처럼 반드시 상도가 별도 필요한 제품도 있으니 반드시 확인 후 시공하자.

① 베어 우드스테인
베어페인트 • 불투명-외장용, 반투명-내,외장용, 투명-내장용 • 아크릴 라텍스수지

수명이 짧고 휘발이 잘 되어 도장할 때 손실양이 많은 오일스테인의 단점을 보완한 수성 스테인 제품. 높은 내구성과 다양한 색상을 자랑한다.

② 에버쉴드
던에드워드페인트 • 외장용
아크릴 라텍스수지

문, 펜스, 사이딩 등의 목재 외에 철재에도 사용 가능한 실외용 페인트. 자외선과 습기에 강하고 먼지도 잘 달라붙지 않아 유지관리가 쉽고 도막의 수명이 긴 편이다.

③ 우드센스
KCC페인트 • 내, 외장용
아크릴 라텍스수지

목조 주택, 벤치, 파고라, 어린이 놀이터 시설물 등에 사용하는 스테인. 목재 속까지 침투하여 내부의 수분을 밖으로 배출시켜 부패나 곰팡이를 효과적으로 막아준다. 별도의 하도 없이 단독으로 2회 도장한다.

④ 아보코트
벤자민무어페인트 • 내, 외장용 • 불투명, 투명은 아크릴 라텍스수지 • 반투명은 알키드&아크릴

삼나무와 소나무 등의 연한 목재에 사용하여 표면을 보호하고 변질을 막아주는 스테인. 투명의 경우 나머지 두 제품으로 칠한 후 표면을 한 번 더 마감하는 데 사용하기도 한다.

⑤ 노빌레 오일스테인
조광페인트 • 외장용 • 특수 오일 변성 알키드수지

실외 목재면에 칠해져 목재 고유의 결을 유지하며 다양한 색을 더한다. 무독, 무취의 제품으로 원하는 색으로 주문하여 우수한 착색력을 내는 것이 장점이다.

⑥ 월드스테인마스터
삼화페인트 • 외장용 • 아마인유

실외 목재용 스테인. 방균제를 더해 방부, 방충 효과가 높다. 목재에 스며드는 정도에 따라 내구성이 달라지므로 목재 깊숙이 침투하도록 충분히 도장하는 것이 중요하다.

⑦ 자연N 목재용 락카

조광페인트 · 내장용
아크릴 에멀션수지

고농축된 수용성 안료와 특수 수지를
배합하여 만든 수용성 스테인. 실내
목재면에 칠하는 친환경 인증 제품이다.
투명과 백색이 있으며, 백색은 1회 도장시
유성 래커보다 은폐력이 우수하다.

⑧ 아이생각 수성스테인

삼화페인트 · 내장용
아크릴 에멀션수지

친환경 인증을 받은 수용성 스테인. 아크릴
에멀션수지와 무독성 유기 항균제를
주성분으로 하여 방부, 방충 성능 외에
곰팡이나 세균, 바이러스를 막는 데도
효과적이다.

⑨ 아이생각 수성우드바니시

삼화페인트 · 내장용
수용성 아크릴 에멀션수지

실내 목재 가구 및 제품에 칠하는 페인트.
수성 바니시로 물에 희석하여 사용하며
냄새가 적다. 스테인 위에 덧바르는 용도로
많이 사용한다.

주의사항

1. 래커를 도장한 표면에 바니시를 칠하면 부착이 잘 되지 않으므로 되도록이면 하지 않고, 꼭 해야 한다면
   300번 연마지로 도막을 연마하고 칠하는 것이 좋다. 반면 바니시를 도장한 표면에 래커를 칠하면 바니시가
   녹거나 주름이 생기므로 시공 전문가에게 의뢰하는 것이 좋다.
2. 목재에 도장할 때는 습기를 조심해야 한다. 특히 래커의 경우, 습기가 많은 곳에서 도장하면 하얀 가루가
   떨어져 나오는 백화현상이 일어날 수 있다.

Surface 4

석고보드·합판·벽지·개구부
실내 도장

디자인적인 요소를 가장 많이 사용하면서 이와 함께 친환경성이 고려되어야 하는 실내 마감. 내부에 페인트를 시공할 때의 주의점과 세밀한 디테일 처리에 대한 시공사만의 노하우를 들어보자.

Q. 실내벽은 얇은 판형의 보드로 마감을 한다. 이때, 페인트를 바르기 전 보드와 보드를 매끄럽게 잇는 노하우는 무엇인가?

A. 석고보드를 테파보드taper edge-type board로 사용한다. 끝부분을 경사지게 만든 보드로, 두 면이 만나는 부분이 오목하게 파여 퍼티와 하도제가 조인트 사이를 메워주기 때문에 이음매가 보이지 않도록 하는 시공 방법에 적용하는 자재이다. 퍼티를 바르기 전에 한냉지로 연결 부분을 테이핑하고, 부분 퍼티가 아닌 전체 퍼티를 해 바탕면의 평활도를 확보하고 페인트 마감 품질을 높인다.
—디자인스튜디오 김종호 대표, 김의술 공무이사

A. 보드가 'ㄱ'자 모양으로 만나는 코너 부위에는 수성 실리콘을 얇게 쏴주어 이음매의 탄성을 확보한다. 유성실리콘은 그 위에 페인트가 부착되지 않으므로 반드시 수성을 사용해야 한다.
—예지인종합건설 전문태 대표

Q. 뿜칠과 롤러, 붓칠 등 다양한 도구 중 선호하는 방법은 무엇인가? 도구를 결정할 때 고려하는 요인은 무엇인가?

A. 마감 방법을 결정하는 요인은 장소와 용도, 예산이다. 실내 벽면에 페인트를 시공할 때 주로 전체 퍼티 후 샌딩을 하고 뿜칠로 마감을 한다. 품질은 우수하나 공사비가 가장 많이 들어가고 공사 기간도 오래 걸리는 공법이다.
—디자인스튜디오 김종호 대표, 김의술 공무이사

A. 꼭 필요한 경우가 아니라면 뿜칠보다는 롤러 사용을 선호하는 편이다. 뿜칠은 고급스럽지만 보수가 어렵다는 단점이 있다.

실내 전체를 흰색 페인트로 마감한 NHOUSE. 설계는 천가옥건축, 시공은 제이아키브.

공정 마지막 즈음에 찍히고 오염된 부위를 한차례 보수해야 할 상황이 많은데, 뿜칠 위에 롤러로 보수하면 차이가 나기 때문에 할 수 없다. 롤러는 덧바를 수 있다는 장점이 있다.
—스노우에이드 김현주 대표, 대명도장 심성훈 대표

A. 매끈하고 흠 없는 마감을 위해 퍼티를 전체에 바르는 올퍼티를 시공하는 경우에는 상도를 바르는 방법으로 뿜칠 타입을 선택할 수밖에 없다. —제이아키브 김양길 대표

Q. 다중시설의 경우 실내 벽면 마감 보강을 위한 페인트 처리는 어떻게 하는가?

A. 오염의 우려가 있는 부분은 색상 보유력과 내오염성이 우수한 아크릴 수지를 주성분으로 하는 아크릴 본타일

제품을 도포한다. 본타일은 입체감 있는 표면과 요철무늬를 만드는 치장용 뿜칠용 페인트이다.
—디자인스튜디오 김종호 대표, 김의술 공무이사

A. 인테리어용 페인트는 무광을 선호하지만 오염이 발생할 수 있는 부분은 30% 광도 있는 페인트를 사용해 오염을 방지한다. 또 여러 번 덧발라 손스침이나 표면 긁힘 등에 강하게 한다.
—스노우에이드 김현주 대표, 대명도장 심성훈 대표

A. 도장 위에 코팅제를 시공하면 확실히 때를 덜 탄다. 코팅제는 허리 높이 보다 아래에 주로 시공한다.
—예지인종합건설 전문태 대표

복잡한 구조의 실내를 뿜칠로 마감했다. 입자가 곱고 밀착력이 좋아 고급스러운 마감면을 만들 수 있는 방법이다. 설계 및 시공은 디자인스튜디오.

무채색으로 중성적인 느낌을 주도록 실내를 마감한 주택. 설계는 조성욱건축사사무소, 시공은 제이아키브.

Q. 실내에 페인트 시공 시 발생하는 하자
상황은 무엇인가? 또 이에 대처하는
방법은 무엇인가?

A. 대부분의 경우 서로 다른 자재와
연결되는 부분에서 도장 부위 균열과
터짐, 뒤틀림 현상이 발생한다. 뒤틀림
방지를 위해 구조의 틀을 보강해야 하고,
석고보드와 합판 등 다른 두 가지 재료가
연결될 시에는 안쪽면에 본드를 시공해
부착력을 높이고 나사 등으로 고정해주는
것이 좋다. 퍼티 전에 한냉지 테이핑은
필수이다.

―디자인스튜디오 김종호 대표, 김의술 공무이사

A. 석고보드와 합판같이 이질재가
만나는 경우에는 둘 사이의 수축팽창
계수가 다르기 때문에 그 사이를 벌리고
재료분리대를 대서 두 재료 사이를
끊어주는 것이 좋다. 가급적이면 이질재를
사용하지 않는 것을 원칙으로 한다.

―기로건설 김효일 대표

A. 실내 바탕면 재료로 합판을 사용할
경우 반드시 고밀도의 품질이 좋은 제품을
써야 한다. 합판은 수분을 머금으면 배가
불룩하게 나오는 하자가 발생하고, 저질
합판은 터져버리기도 한다. 합판으로 실내를
마감하려면 먼저 에나멜수지 무광페인트로
표면을 한 번 칠한 뒤에 판과 판을 잇는
작업을 하는 것이 좋다.

―세상을칠하자 안태석 반장

A. 허리 높이 이상의 위쪽은 뒤틀림 문제가
발생할 수 있어 합판을 사용하지 않는다.
목재는 습기에 민감하기 때문에 위쪽
공기에 노출하지 않는 것이 좋다. 또 실내
수성페인트의 경우, 조색해온 컬러와 실제
발색되는 것이 다른 문제가 생기기도 한다.
수성페인트 Pce01은 바탕면에서 수분을
많이 빨아들여 조색해온 색보다 실제
발색이 진하게 나타날 때가 있는 반면,
유성페인트는 마르면서 색이 옅어지기도
한다. ―제이아키브 김양길 대표

같은 공간이더라도 낮의 자연광과 밤의 인공조명에 따라 색과 분위기가 달라진다.
설계 및 시공은 스노우에이드.

답변을 도와준 설계, 시공 전문가

기로건설㈜
대표 김효일 | 종합건설사 | kirocon.com

대명도장
대표 심성훈 | 도장 전문회사 | 010-8299-4319

디자인스튜디오
대표 김종호 | 건축 설계·인테리어 디자인 및 시공
www.design-studio.co.kr

예지인종합건설
대표 전문태 | 종합건설사 | www.yeziin.com

세상을칠하자
반장 안태석 | 도장 전문회사
010-9120-7581, 010-6614-7011

스노우에이드
대표 김현주, 박호현
건축 설계·인테리어 디자인 및 시공
www.snowaide.com

제이아키브
대표 김양길 | 종합건설사 | www.jarchiv.com

에메랄드색 페인트로 부드러운 분위기를 연출한 원주 주택. 페인트를 고를 때는 공간의 분위기와
어우러지는 컬러를 선택하는 것이 중요하고, 조명과 주변 마감재와의 조화도 함께 고려하는 것이 좋다.
설계와 시공은 스노우에이드.

Step 1. 실내 바탕면 정리

건축과 인테리어 공사 시 매끈한 실내벽을 만들기 위해 석고보드와 합판을 덧댄다.
실내도장편에서는 보드끼리 연결하고 잇는 퍼티 작업부터 페인팅까지의 기술을 다룬다.

바탕면을 고르게 다지는 순서

① 보드의 연결 부위에 메시 테이프를
   부착한다. 보드의 수축팽창으로 인한
   균열을 방지한다.
② 메시 테이프를 부착한 부위에 퍼티를
   얇게 펴발라 평평한 면을 만들어준다.
③ 보드를 고정하기 위해 스테이플러를
   시공한 부위는 세밀하게 퍼티로
   메워준다.
④ ①~③작업을 마무리한 뒤 전체를
   퍼티로 마감해주면 바탕면 작업이
   완성된다.

일상에서 가장 많이 접하는 벽과 바닥
최종 마감재인 실내용 페인트. 최근에는
전문 공정을 위한 페인트뿐 아니라
소비자가 직접 컬러를 골라 칠할 수 있는
DIY용 제품도 시중에 많이 출시되었디.

이음매 연결과 균열 관리

실내에 페인트를 바를 때는 구조체 위에
바로 시공하기보다는 석고보드와 합판으로
벽과 천장 등을 먼저 마감한 뒤 그 위에
도장하는 경우가 일반적이다. 정리된 면에
작업할 때는 이음매의 연결과 균열 그리고
구멍 부위를 수리하는 것이 중요하다.
이때 메시 테이프를 사용해 면과 면을
잇거나 구멍 부위의 바탕면을 평평하게
골라준다. 메시 테이프를 보수 부위에
붙인 뒤 하도제로 사용하는 핸디코트를
얇고 평평하게 펴 바른다. 유리섬유 메시
테이프의 경우에는 미세입자가 기관지로
흡입될 수 있으므로 마스크와 장갑을
사용하는 것이 좋다. 또한 합판의 경우
바탕면 처리 없이 수성페인트를 시공할
경우 나무가 팽창해 뒤틀릴 수 있으므로
반드시 부분 메움 후 핸디코트로 전체를
도포해야 한다.

셀프 페인팅

이미 도장이 되어 있는 문과 벽 등에 셀프로
페인팅하는 경우에는 바탕면 작업이 다소
간단한 편이다. 목재면에 도장 처리가 된
경우에는 사포를 이용해 가볍게 갈아내어
기존의 페인트를 제거하고 페인트가
부착되기 좋은 표면을 만든다. 기존 벽에
페인트를 다시 칠하는 경우에는 전문가용과
동일하게 균열이나 홈 등을 메시 테이프로
막아준 뒤 하도 역할을 하는 핸디코트로
메워 고른 바탕면을 만들어주는 것이 좋다.

Step 2. 하도

페인트의 바탕면 작업 후, 프라이머로 바탕면과 상도 페인트가 잘 접착될 수 있도록 발라준다. 하도는 상황에 따라 1회 혹은 그 이상 시행하며, 도장과 도장 사이에는 샌딩을 통해 표면을 매끄럽게 갈아내는 것이 원칙이다.

① 다목적 프라이머
벤자민무어페인트 • 아크릴 라텍스수지

실내외의 목재, 금속, 벽돌 등 다양한 표면에 두루 적용 가능한 프라이머. 은폐력이 우수해 크레파스, 기름자국이나 물때, 녹이나 연기 자국을 완벽하게 덮어준다.

② 수성바인다 200
삼화페인트 • 아크릴 에멀션수지

시멘트 부위에 사용하며, 친환경 인증을 받은 수성페인트 전용 프라이머다. 뛰어난 접착력으로 하얀 가루가 생기는 풍화현상이나 도막 표면이 가루가 되는 쵸킹현상을 방지한다.

③ 자연N 젯소
조광페인트 • 아크릴 에멀션수지

PVC, 목재, 철재, 콘크리트면, 유성페인트가 칠해진 도막 위 등 다양한 소재에 사용하여 뛰어난 부착력을 내는 프라이머. 수성 제품으로 친환경 인증을 받았다.

④ 베어 프리미엄 강력 프라이머
베어페인트 • 아크릴 라텍스 수지

바탕면을 정리하고 발색력을 높여주는 실내용 프라이머. 접착력이 뛰어나 반짝이는 표면이나 실크 벽지 위에도 칠할 수 있다.

Step 3. 중상도

최종면이 되는 상도와 중도는 때로는 다른 제품을 사용하기도 하고, 한 제품이 여러 차례 쓰이며 최종 마감면을 형성하기도 한다. 특히, 다채무늬페인트처럼 반드시 상도가 별도 필요한 제품도 있으니 반드시 확인 후 시공하자.

① 순&수 항균페인트 DIY
노루페인트 • 내장용
아크릴 에멀션수지

실내 콘크리트, 시멘트 부위 외에 기존에 페인트가 칠해진 목재면에도 사용 가능한 다용도 페인트. 친환경 무기계 항균제를 사용하여 세균이나 곰팡이를 효과적으로 막아준다.

② 팬톤페인트
노루페인트 • 내, 외장용
순수 아크릴 에멀션수지

DIY페인트로 내, 외부용과 방문, 가구에 칠하는 다용도용의 세 가지 종류가 있다. 대표 컬러 기업인 팬톤과 제휴하여 팬톤 컬러를 구현하는 것이 특징이다. 부드럽게 잘 발려 초보자에게 추천한다.

③ 숲으로홈앤웰빙
KCC페인트 • 비닐 수성 에멀션수지

콘크리트, 시멘트, 석고보드, 벽지로 마감한 실내벽에 사용하는 페인트. 기존의 수성페인트보다 탄성이 높아 콘크리트 표면에 생기는 미세한 균열을 효과적으로 막아준다. 포름알데히드를 분해해 새집증후군이 염려되는 곳에 쓰면 좋다.

④ 네츄라
벤자민무어페인트 • 아크릴 라텍스수지

실내 석고보드나 시멘트, 기존에 프라이머나 페인트가 칠해진 목재나 금속 면에 적합한 페인트. 유해 물질과 냄새가 없는 친환경 페인트로 아기가 있는 공간에 추천한다. 네츄라 프라이머를 하도로 쓰면 좋다.

⑤ 벤

벤자민무어페인트
아크릴 라텍스수지

실내 벽지, 벽면용 페인트로 무광과
에그쉘광의 두 가지 광도가 있다. 천장이나
사람의 손길이 적게 닿는 실내에는 무광을
추천한다. 발림성이 좋아 초보자가 도전하기
좋은 제품이다.

⑥ 슈프리마

던에드워드페인트
아크릴수지

콘크리트, 목재, 금속 등 실내의 다양한
표면에 칠하는 페인트. 건조 후 끈적임이
없고 정전기가 생기지 않아 먼지가
달라붙지 않는 것이 장점. 울트라그립을
하도로 함께 쓰면 좋다.

⑦ 자연N 어디나

조광페인트
수용성 우레탄수지

인체에 유해한 성분을 최소화한 친환경
다용도 수성페인트. 접착력이 좋은
수용성 우레탄수지로 만들어 목재, 철재,
콘크리트의 다양한 소재에 칠해 단단한
도막을 형성한다.

⑧ 자연N 벽지용

조광페인트
특수 에멀션수지

실내 콘크리트나 석고보드 벽면, 벽지 위에
사용하는 친환경 수성페인트. 도장할 때
흐르지 않고 작업성이 좋아 초보자도 쉽게
칠할 수 있다.

⑨ 더클래시 아토프리

삼화페인트
특수 아크릴 에멀션수지

실내 콘크리트, 목재, 철재 면에 사용하는
친환경 페인트. 국내 아토피 인증을
획득하여 병원, 유치원, 놀이방에도 쓸 수
있다. 테프론이라는 불소계 특수 첨가제를
사용해 오염에 강하고 청소가 쉽다.

제품추천을 도와준 페인트 제조·유통사

KCC페인트
www.kccworld.co.kr, 02-3480-5000

노루페인트
www.noroopaint.com, 031-467-6114

던에드워드페인트
www.jeswood.com, 02-3679-0101

베어페인트
www.behrpaint.co.kr, 1599-9720

벤자민무어페인트
www.benjaminmoore.co.kr, 1577-3103

삼화페인트
www.samhwa.com, 1544-5357

조광페인트
www.ckpc.co.kr, 051-304-7701

Maintenance
도장 결함 솔루션

글 정사은

바탕면 상태 불량, 하도와 상도의 미스매치, 높은 습도 등 페인트 하자
원인은 다양하다. KCC와 함께 건축에서 발생하는 대표적인 결함 16가지와
해결 방법을 소개한다.

① 은폐 불량 수성페인트

증상 최종 도장이 끝나고도 피도면의
바탕면이나 중도가 비쳐 보이는 현상.

원인/해결법 제품의 지정 희석비를
준수하고, 채도가 높은 색은 추가도장을
실시한다. 도막 두께와 도장 횟수가
충분한지 점검한다.

② 크랙과 박리 수성페인트

증상 도막 표면에 금이 가고 바탕면이 보일
정도로 도장면이 벗겨지는 현상.

원인/해결법 부실한 바탕면의 전처리가
제대로 이루어지지 않아 발생한다. 특히 보수
작업시에는 반드시 바탕면을 제조사 시방에
따라 깨끗하게 정리한 뒤 시공해야 한다.

③ 균열 보수 시 색 차이 수성페인트

증상 표면의 균열을 보수하기 위한 도장 시
기존 색과 색상 차이 발생.

원인/해결법 퍼티 작업을 철저하게 하지
않으면 잔크랙 사이로 먼지가 침투해 색이
다르게 나타난다. 탄성 퍼티를 적용한 면은
수성 퍼티 후 수성페인트 Pce01를 바른다.

④ 터치업 이색현상 수성페인트

증상 부분적으로 색을 메우는 터치업 도장
시 기존 색과 색상 차이 발생.

원인/해결법 채도가 높은 색에서 주로
발생하는 하자로, 기존에 발라둔 페인트와
동일한 희석비, 동일 도구를 사용해야 한다.

⑤ 무늬코트 박리 수성페인트

증상 다채무늬페인트의 무늬 부분이 박리되는 현상.

원인/해결법 무늬페인트를 바른 뒤 수성 투명페인트를 상도로 바르지 않은 경우에는 무늬 부분이 박리되므로 상도 처리를 꼼꼼하게 한다. 또 바탕면이 수분을 많이 머금고 있는 경우에는 일부 무늬가 밀착되지 않고 떨어져나갈 수 있다.

⑥ 핀홀과 기포 바닥 우레탄페인트

증상 건조 후에 바늘로 찌른 듯한 구멍이 생기거나 표면에 풍선 모양 기포 발생.

원인/해결법 바탕면이 시멘트처럼 다공성인 경우, 소지 내 공기가 도막을 통과해 빠져나와 발생하는 하자. 기온이 28℃ 이상이거나 바탕면 온도가 40℃ 이상일 때도 발생할 수 있다. 도막을 전동 스크래핑 도구로 제거한 뒤에 온도가 낮아지는 오후 4시 이후에 재도장한다.

⑦ 부풀음 바닥 우레탄페인트

증상 도막의 일부가 부풀어올라 수포처럼 분포되는 것.

원인/해결법 바탕면의 함수율이 6% 이상으로 높거나 지나치게 묽게 희석되는 경우, 경화제가 너무 많이 함유되었을 경우, 기온이 28℃ 이상, 바탕면 온도가 40℃ 이상일 때 발생한다. 바탕면을 충분히 건조시키고 혼합 시에 전동기기를 이용해 균일하게 혼합한다.

⑧ 미경화 바닥 우레탄페인트

증상 규정 시간이 지나도 도막이 굳지 않거나 끈적이는 증상.

원인/해결법 알코올류를 희석제로 사용하면 경화 불량이 발생하며 정해진 혼합비를 지키지 않은 경우에도 발생한다. 도료설명서상의 지정 희색제를 사용해야 하며, 균일하게 섞일 수 있도록 전동기구를 사용하는 것이 좋다.

⑨ 도막박리 바닥 우레탄페인트

증상 바탕면과 도막의 부착력 저하로 도막이 분리되는 현상.

원인/해결법 바탕면의 오염 물질이나 요철을 충분히 제거하지 않거나 프라이머를 과하게 바른 경우 발생한다. 도장 전에 부실 콘크리트층을 제거하고, 표면 그라인딩을 통해 부착력을 강화한다. 프라이머 자체의 내구성은 약하기 때문에 1회만 시공하고 도장과 도장 사이 간격을 2일 이내로 한다.

⑩ 크랙 바닥 우레탄페인트

증상 주로 환절기에 발생하며, 도장면에 금이 가고 통째로 벗겨지는 증상.

원인/해결법 바닥 우레탄페인트 Pce05, Pme09, Pwo06가 굳기 전에 바탕면인 콘크리트가 수축팽창하며 발생하는 경우가 많다. 또한 1회 도장시 지나치게 두껍게 시공하면 발생하기도 하므로 제조사가 제공한 적정 도막 두께를 준수해야 한다.

⑪ **도막박리** 바닥 에폭시페인트

증상 도막 표면이 바탕면으로부터 떨어져나가는 현상.

원인/해결법 비탕면이 고강도 콘크리트이거나 하드너 처리를 한 경우, 수분을 많이 머금고 있는 경우에 일어난다. 부실한 바탕면은 보강이나 그라인딩 처리하고, 고강도 콘크리트나 하드너 바닥은 CSP5 이상으로 블라스팅 처리한다.

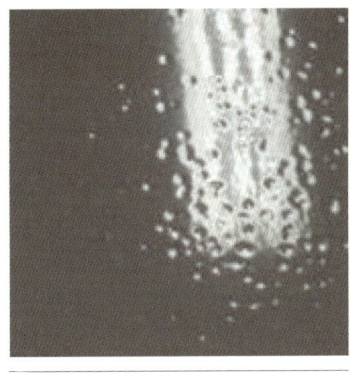

⑫ **크래터링** 바닥 에폭시페인트

증상 도막에 분화구 모양의 홈이 발생.

원인/해결법 바탕면의 표면에 기름이나 실리콘 등 표면 장력이 에폭시보다 낮은 이물질이 남아 있는 경우에 빌생힌다. 이미 크래터링이 발생한 경우에는 발생 부위를 전동기구로 제거한 뒤 중도부터 최소 1㎜ 이하로 재도장한다.

⑬ **주름현상** 바닥 에폭시페인트, 유성아크릴페인트

증상 표면에 잔주름이 생기는 현상.

원인/해결법 기존 아크릴페인트 Pce03, Pme05 위에 에폭시페인트 Pce04, Pme03나 유성 아크릴페인트를 재시공하는 경우, 기존 페인트가 녹으면서 주름이 발생하기 쉽다. 기존 바닥이 아크릴이나 에나멜페인트 Pme02, Pwo05라면 전체를 제거한 뒤 시공해야 한다.

⑭ **아민브러싱** 바닥 에폭시페인트

증상 도장의 광택이 떨어지고 수분에 약하며 표면이 뿌옇게 변하는 현상.

원인/해결법 암모니아의 수소원자를 탄화수소기로 치환한 아민이 공기 중 이산화탄소와 반응해 표면에 카바마이트염을 형성하는 증상. 5℃ 이하, 상대습도 85% 이상일 경우에 도장하지 않으며, 발생 시에는 에폭시시너로 표면을 세척한 뒤 상도를 재도장한다.

⑮ **도막박리와 부풀음** 내화페인트

증상 도막 표면이 오돌토돌하게 부풀거나 부분적으로 떨어져나가는 현상.

원인/해결법 내화페인트 Pme10는 수분에 취약하기 때문에 완전 건조 후에도 수분에 노출되면 도막 부풀음과 박리가 발생할 수 있다. 일기예보를 확인 후 건조한 날씨에 도장하고, 실내의 경우에도 상도 도장을 통해 표면을 기밀하게 만들어야 한다.

⑯ **주름현상** 내화페인트

증상 표면에 잔주름이 생기는 현상.

원인/해결법 내화페인트가 건조되기 전에 상도를 바르거나 지나치게 두껍게 바르면 외기와 맞닿은 표면이 먼저 마르며 주름이 발생한다. 도막 두께는 1회에 1,000㎛ 이하로 시공하고, 여름에는 3일, 겨울에는 7일간의 건조 시간을 준수해야 한다.

자문 및 자료제공
KCC페인트 www.kccworld.co.kr

원스톱 서비스 페인트 쇼룸 글 정경화

셀프 인테리어 열풍과 함께 페인트에 대한 소비자의 관심은 점점 더
커져간다. 소비자를 위한 다양한 서비스로 주목받는 쇼룸 네 곳을 소개한다.

**섬세한 컨설팅으로
소비자 만족도가 높은 브랜드**

벤자민무어페인트

인테리어 페인트로 인지도 높은
벤자민무어페인트. 다양한 주거공간이
연출된 논현본점에서는 상황별 페인트
가이드와 함께, 깊이 있는 컬러 컨설팅
서비스를 제공한다.

일대일 맞춤 컬러 컨설팅의 선두 주자

1883년, 뉴욕에서 만들어진 벤자민무어페인트. 국내에서는 지난 1998년 12월 논현점이
생긴 이후 현재 부산, 대구를 비롯하여 최근 문을 연 제주점까지 13곳에 쇼룸을 운영 중이다.
이들 공간은 벤자민무어 브랜드의 디자인 콘셉트에 맞게 모두 자사의 제품으로 마감되어
각각의 매장이 브랜드의 전략과 제품력을 드러낸다.

　논현본점에는 벤자민무어페인트로 칠해진 주방과 테라스, 아이방 쇼룸이 넓게 조성되어
있다. 소비자는 칠해진 곳을 눈으로 보고 손으로 만지며 색과 질감, 공간을 한 번에 경험한다.
아늑한 일대일 상담공간도 별도로 마련되어 있어 쇼룸을 둘러본 뒤에 상담을 거쳐 원하는
종류와 색상의 제품을 구매할 수 있다. 상담 테이블에는 바탕면별로 페인트가 칠해진 샘플이
준비되어 있는 것이 특징이다. 또한 이곳은 국내 최초로 일대일 컬러 컨설팅을 도입한
매장이다. 소비자는 상담을 받으며 다양한 각도와 조도에 따라 달라지는 색감을 즉시
확인한다. 이런 섬세한 컨설팅을 통해 실제 공간에 색이 적용되었을 때의 분위기를 충분히
시뮬레이션해볼 수 있다.

지점명	벤자민무어페인트 논현본점
주소	서울시 강남구 논현로127길 22
운영시간	평일 오전 9시-오후 7시
	토요일 오전 9시-오후 7시 30분,
	매주 일요일 휴무
전화번호	1577-3103
홈페이지	benjaminmoore.co.kr

다양한 곳에서 소비자와 만나다

벤자민무어페인트의 제품은 기본적으로 용도와 목적에 따라 분류된다. 벽면용, 가구용, 욕실 및 외부용 등 부위별로 제품이 분류되어 있어 소비자가 원하는 제품을 쉽고 빠르게 찾을 수 있다. 페인트 도구는 자사 제품 외에도 가성비 좋고 품질이 우수한 제품을 함께 비치해 소비자가 선택할 수 있는 폭을 넓혔다.

매장 외에도 벤자민무어페인트를 접할 수 있는 통로는 다양하다. 톰브라운의 패션 전시에 참여하거나 성수동의 편집숍 수피와 페인트 컬러 전시를 기획하는 등 디자인, 문화 분야에도 적극적으로 참여한다. 또한, 벤자민무어 인스타그램 채널 (@benjaminmoorekorea)을 운영하며 셀프 인테리어에 도움을 줄 다양한 팁을 전하기도 하고, 색색의 페인트로 만든 감각적인 이미지도 함께 게시해 소비자에게 다채로운 컬러의 세계를 전한다.

(왼쪽부터) 벤자민무어페인트의 스테디셀러인 리갈 셀렉트, 네츄라, 아우라 바쓰앤스파.

매장에서는 페인트가 칠해진 부위를 소비자가 직접 보고 만지며 색과 질감을 경험할 수 있다.

전국각지에서
친환경 페인트를 만나다

던에드워드페인트

2002년 국내에 처음 선보인
던에드워드페인트. 현재 전국 50여 개의
대리점으로 수입 친환경 브랜드 중 가장
많은 매장을 보유하고 있다.

다양한 제품으로 일반인과 전문가가 함께 만족하는 브랜드

던에드워드페인트는 미국 서부지역의 브랜드로 지난 2002년 국내에 처음으로 수입된 친환경
페인트다. 페인트가 실내에도 칠할 수 있는 재료라는 개념이 생겨나기 전 '나무와사람들'에서
들어와 국내에 친환경 페인트의 개념을 알리고 셀프 페인팅 문화를 만드는 데 큰 역할을 했다.
특히, 전 제품에 유독성 경화제인 에틸렌글리콜(EG) 대신 의약품이나 화장품에 들어가는 식용
경화제, 프로필렌글리콜(PG)을 넣어 안심하고 사용할 수 있으며, 고운 입자 덕분에 발색이 잘
되어 2회 도장으로 고품질의 마감을 얻을 수 있다.

2014년 오픈한 논현점은 7호선 학동역 근처에 있다. 매장에 들어서면 목재로
마감된 따뜻한 느낌의 쇼룸이 먼저 반긴다. 카페 분위기의 공간을 지나면 상담공간과
함께 던에드워드 페인트를 비롯한 다양한 제품이 빼곡히 진열되어 있다. 매장에서는
나무와사람들에서 들어오는 다른 페인트도 함께 만날 수 있다. 콘크리트 바닥에 쓰이는
실크리트, 러스트올름의 제품을 비롯하여 스테인, 오일같이 목재에 바르는 제품들이 특히
다양하다. 폼 분사기, 스프레이건 같은 전문가용 도구와 메시 테이프, 스크래퍼 등의 부자재도
판매한다.

지점명	던에드워드페인트 논현점
주소	서울시 강남구 논현로128길 20
운영시간	평일 오전 9시-오후 6시, 공휴일 휴무
전화번호	02-6925-3222
홈페이지	jeswood.com

목재로 마감된 따뜻한 느낌의 쇼룸에서는 각종 세미나와
페인팅 수업이 이루어진다.

페인팅 수업을 비롯한 다양한 서비스

던에드워드페인트는 셀프 페인팅이 생소하던 2002년부터 소비자를 위한 페인팅 클래스를 운영해왔다. 특히 기초 페인팅 클래스는 적절한 도구를 선택하고 문, 벽 등 여러 부위에 페인트를 칠하는 노하우를 알려주는 수업으로 10년째 진행하고 있을 정도로 초보자에게 인기가 높다.

던에드워드페인트에서는 매년 친환경 인테리어 컬러 코디네이터라는 직업 강의도 진행한다. 업체와 소비자 사이의 다리 역할을 하는 코디네이터를 양성하는 강의로, 6주 동안의 교육과 현장실습으로 이루어진다. 교육을 마친 수강생은 인테리어 컨설팅을 비롯하여 시공과 셀프인테리어 사이에서 고민하는 고객의 인테리어 교육을 돕거나 시공업체를 연결해주는 등 페인팅 컨설턴트로 활동하게 된다.

또한, '던에드워드 인스타컬러'라는 앱을 자체적으로 개발, 인테리어 사진을 올리면 사진에 사용된 색상과 가장 유사한 던에드워드 컬러를 찾아준다. 이는 소비자들이 좀 더 쉽게 던에드워드페인트를 이용할 수 있도록 돕는 서비스이다.

던에드워드페인트의 대표 친환경 페인트,
그리고 각종 도구와 부자재들.

**라이프스타일을 접목해
친근함을 더한 페인트 매장**

홈앤톤즈 C.I.Y 스튜디오

페인트 상담과 판매에 라이프스타일 숍을
접목한 삼화페인트의 플래그십 스토어.
꼭 페인트를 구매하는 목적이 아니더라도
부담 없이 둘러보며 페인트를 접할 수
있어 친근한 매장이다.

페인트 매장과 라이프스타일 숍의 만남

2017년 9월 오픈한 홈앤톤즈 C.I.Y 스튜디오는 인사동의 복합문화공간인 '인사1길'에 자리
잡았다. 인사1길은 1960년대에 생긴 '빠고다가구' 공장을 리모델링하여 만든 재생공간으로
홈앤톤즈 외에도 디자인 소품 매장과 미술관이 함께 있다. 이곳의 분위기에 맞추어 홈앤톤즈
C.I.Y 스튜디오도 컬러를 상담하고 페인트를 구매하던 기존의 쇼룸에서 벗어나 향초, 디퓨저,
코스터 같은 인테리어 소품에서 각종 DIY 제품과 가구, 디자이너의 작품까지 함께 만나볼 수
있는 라이프스타일 숍으로 꾸며졌다.

소비자와 눈높이를 맞춘 페인트 체험형 공간

이곳에서는 삼화페인트의 실내 DIY용 친환경 페인트를 만나볼 수 있다. 인체에 무해한
성분으로 구성되어 어린이집이나 병원에도 시공이 가능한 페인트로 시공 당일에도 바로
생활할 수 있을 정도로 무색, 무취를 자랑한다. 색상이나 배색이 공간에 어울리는지 궁금한
소비자를 위해 매장에서는 '비주얼라이저'라는 프로그램으로 페인팅 시연 서비스를 제공한다.
페인트칠을 하려는 공간이나 가구를 촬영한 사진을 가져오면 문, 벽, 가구의 색을 바꾸며
실제처럼 시뮬레이션할 수 있으니 꼭 지참하도록 하자.
　방문객이 DIY 세트를 구매한 뒤 별도로 마련된 체험공간에서 작업해보는 서비스도
제공한다. 페인트와 브러시, 트레이로 구성된 체험용 세트는 1, 2인용으로 친구와 함께 혹은
혼자서도 부담 없이 페인트를 접하고 칠해볼 수 있어 연인들의 데이트 코스로도 제격이다.
한 달에 네 번, 일반인을 대상으로 DIY 클래스도 진행한다. 지도 강사와 함께 트레이, 스툴,
스피커 등 인테리어 소품을 페인팅해보는 수업으로, 8명의 소수정예로 운영되어 섬세한
교육을 받을 수 있다.

지점명	홈앤톤즈 C.I.Y 스튜디오
주소	서울시 종로구 인사동길 7
운영시간	오전 11시~오후 7시, 연중무휴
전화번호	02-6941-3641
홈페이지	homentones.com

다양한 브랜드 제품을 만나는
페인트 편집숍

칼라메이트

자사 제품뿐 아니라 성능 좋은 수입
제품을 선별하여 판매하는 노루페인트의
친환경 페인트 편집숍이다. 다양한 친환경
수입 브랜드를 만나볼 수 있다.

소비자 친환형 페인트 쇼룸

칼라메이트는 국내 페인트 회사 중 최초로 쇼룸의 개념을 도입하여 만든 매장이다. 이전에는
기업이나 공장에 제품을 납품하는 대리점이 대부분이었다면 칼라메이트 이후 페인트
매장은 소비자가 제품을 상담받고 구매하는 곳으로 점차 변하며, 소비자에게 페인트 시장의
문턱을 낮추는 데 큰 역할을 했다. 현재 논현본점을 비롯하여 일산, 강동, 을지로 네 곳의
직영점을 운영하고 있으며 대형 할인 매장에 입점한 '컬러스튜디오 바이 노루'에서도 다양한
노루페인트의 제품을 만날 수 있다.

가장 큰 특징은 자사 제품 외에 여러 수입 제품을 만날 수 있다는 점이다. 유럽의 대표
페인트 기업인 악조 노벨Akzo Nobel의 친환경 항균 페인트 듀럭스Dulux, 미국에서 인지도
높은 브랜드인 셔윈-윌리암스Sherwin-Williams 제품 등이 구비되어 있다. 무엇보다 여러
제품을 비교할 수 있어 소비자의 선택에 도움을 준다.

색채 전문 업체인 팬톤과 제휴해 만든 팬톤페인트도 주목할 만한 제품이다. 팬톤의 색상에
노루페인트의 기술력까지 갖추어 훌륭한 가성비를 자랑한다. 특히 실내용 제품은 칠했을 때
롤러 자국이나 흘러내림이 거의 없어 페인트 초보자가 도전하기에 좋다.
이 외에도 쇼룸에서는 페인트칠 도구와 부자재, 인테리어 소품을 함께 판매한다.
팬톤페인트와 연계하여 텀블러, 마우스 패드와 같은 팬톤유니버스 상품도 만나볼 수 있다.

시공까지 한 번에 해결하는 쇼핑공간

칼라메이트에서는 제품의 구매부터 시공까지 소비자의 원스톱 쇼핑이 가능하다. 제품을
고르면 쇼룸에서 바로 조색하여 구매할 수 있으며 직접 시공하기가 어렵다면 시공 서비스를
이용할 수도 있다. 쇼룸마다 상주하는 전문가에게 색상 선택 상담부터 견적, 시공, 사후 A/S
관리까지 받을 수 있다. 홈페이지에 들어가면 스타일별, 공간별로 추천하는 인테리어가
컬러별로 일목요연하게 정리되어 있으며, 시공 사례도 살펴볼 수 있어 서비스를 의뢰하기 전
미리 참고하면 좋다.

지점명	칼라메이트 논현본점
주소	서울시 강남구 논현로 658
운영시간	오전 7시~오후 7시, 매주 일요일 휴무
전화번호	02-3443-2080
홈페이지	colormate.co.kr

컬러 및 소품은 던에드워드페인트.

에디터가 직접 채운 페인트 서재

글 정경화

페인트와 컬러, 건축과 인테리어에 대한 더 깊은 이야기가 궁금할 이들을 위해 준비했다. 공간, 디자인, DIY 등 각기 다른 분야에서 페인트를 바라보는 다양한 시각이 담긴 도서들을 모았다.

공간에 대한 건축적인 이야기

❶ 가장 인간적인 건축, 레고레타
이관용 지음
다른세상

멕시코의 건축가 리카르도 레고레타는 빛과 색, 물을 이용해 지역적이고 감성적인 건축을 해왔다. 그의 작품에는 색이 빠짐없이 등장하며, 건축관을 드러내는 중요한 역할을 한다. 이 책은 여러 건축가와 비평가들이 레고레타에 대해 남긴 글과 그가 직접 쓴 글을 엮어 만들었다. 건축가가 색을 쓰는 또 다른 관점을 발견해보자.

❷ 건축의 색
이선민 지음
미메시스

건축에서 색은 표면을 이루는 부분적인 요소에서 건물을 형성하는 중심 개념으로 부상해왔다. 오랫동안 건축 색채를 연구해온 저자는 공간에서 '어떤 색을 쓸 것인가'가 아닌 '어떤 방식으로 색을 사용할 것인가'라고 생각하기를 제안한다. 특히 유명 건축가들이 색을 이용해 디자인한 작품 사례가 아낌없이 담겨 있어 건축 전공자에게 유용하다.

색과 마감에 대한 이해를 높여줄 지침서

❸ 팬톤 세계인의 마음을 사로잡은 컬러 디자인 여행
리트리스 아이즈먼, 키스 레커 지음
책읽는수요일

색채를 큐레이션하는 컬러 연구 집단, 팬톤. 1900년대부터 1990년대까지 지난 100년 동안 그들이 제안해온 색채를 짚어보며 색과 함께해온 20세기의 흐름을 한눈에 살펴본다. 10년 단위로 각 시기마다 어떤 색상이 당대를 이끌고 많은 사랑을 받았는지 설명하고, 그 시대의 색채를 주도한 사건을 함께 소개하는 구성이 흥미롭다.

❹ 좋아 보이는 것들의 비밀, 컬러
김정해 지음
길벗

디자이너에게 색을 고르는 것은 늘 어렵다. 깊이 공부하거나 충분히 훈련할 시간을 갖지 않았기 때문이다. 이 책은 색을 잘 쓰는 디자이너가 되고 싶은 사람들을 위한 가이드북이다. 색을 고르고 디자인하는 방법을 다양한 사례를 들어 이해하기 쉽게 설명한다. 단계별로 따라해보는 과제도 있다. 색을 어떻게 배우고 연습해야 할지 막막할 때 읽어볼 것을 추천한다.

❺ 도장 이론과 실제
박조순 지음
일진사

건축, 금속, 가구 도장 자격시험을 준비하는 수험생과 현장 실무자를 위한 지침서. 크게 페인트와 색, 도장 기구를 설명하는 이론 파트와 도장법을 다루는 실무 파트로 구성된다. 실무 파트에서는 목재, 금속, 건축 도장과 같이 소재와 부위별로 나누어 각 공정과 방법을 상세히 설명한다. 도장에 대한 흥미를 넘어서 전문적으로 배워보고 싶은 이들에게 추천한다.

셀프 페인팅부터 집 꾸미기까지, DIY 활용서

❻ SIMPLE INTERIOR
기린아줌마의 심플 인테리어
박정미 지음 | 디자인이음

수년간 쌓아온 저자의 셀프 인테리어 비법을 가득 담은 책. 41개의 인테리어 레시피를 소개한다. 특히 페인팅에서 유용하게 쓰일 내용이 많다. 욕실, 침실, 아이방에 적합한 페인트를 고르고 칠하는 방법, 각 공간에 어울리는 색상과 패턴에는 어떤 것이 있는지 알려준다. 독자가 실제로 적용하고 따라해볼 수 있는 내용이 풍부한 것도 장점이다.

❼ 좋아하는 곳에 살고 있나요?
공간디렉터 최고요의 인테리어 노하우북
최고요 지음 | 휴머니스트

자신의 취향을 발견하고 생활을 돌보는 방식의 하나로 집을 가꾸는 것에 대해 이야기한다. SNS에 올라오는 인테리어를 무작정 따라하는 대신 좋아하는 취향을 발견하고 라이프스타일에 맞는 공간을 만드는 방법을 소개한다. 공간의 치수 확인법, 페인팅과 타일 붙이는 법, 조명 고르는 법 등 저자가 직접 경험하고 얻은 노하우도 담겨있다.

❽ Painting and Decorating
Derek Butterfield 지음
WILEY-BLACKWELL

집을 가꾸고 고치는 문화가 일상적인 미국에서 여섯 번이나 개정판이 나왔을 정도로 DIY에 최적화된 책. 페인트 도구의 규격과 사용법부터 다양한 페인트의 종류와 구성 성분, 활용법까지 일러스트와 함께 일목요연하게 정리되어 있다. 페인트를 칠할 때 도움이 되는 실용서다.

감이 추천하는 도장·페인트 업체

건축용 도장 전문 회사에 대한 정보를 공사 가능
규모와 업무 분야로 분류해 수록했다. 또 국내
5대 페인트 회사가 추천하는 건축용 페인트 전문
매장을 함께 소개한다. 매장에서 만날 수 있는
페인트와 제공하는 서비스도 함께 살펴보자.

도장 회사

도장 시공사는 공사 규모에 따라 연면적 500㎡ 이하의 1~2층 건물을 주로 시공하는 소규모, 다세대 주택과 같은 12층 이하 건물의 중규모, 연면적 5,000㎡가 넘는 아파트 단지나 공장, 대형 건물을 시공하는 대규모로 나누어 공사 범위와 서비스를 정리했다. 도장 공장은 분체 도장, UV 도장을 취급하는 곳이다. 이곳에서는 목재나 금속 가구의 고품질 도장을 의뢰할 수 있다.

도장 시공사

❶ ㈜가나씨엔씨

공사 범위	현장도장, 방수도장, 보수도장
공사 규모	대규모
제공 서비스	시공면적 산출, A/S 2~3년, 현장방문 견적
특징	방수 도장 특화(관공서 공사)
주소	서울시 송파구 가락로 208(송파동, 305호)
연락처	☎ 02-424-4274 ✉ ce5747@hanmail.net

❷ 고우건업㈜

공사 범위	현장도장, 방수도장, 보수도장, 창호코킹 및 외단열마감재 시공
공사 규모	중규모
제공 서비스	시공면적 산출, A/S 2년
특징	상업시설 및 공장 특화
주소	서울시 서초구 바우뫼로33길 7-14(양재동, 우영빌딩2층)
연락처	☎ 02-2238-7204 ✉ kwku1@hanmail.net

❸ ㈜국일구조

공사 범위	방수도장
공사 규모	대규모
제공 서비스	시공면적 산출, A/S 2년
특징	시설물유지관리 겸업
주소	서울시 구로구 구일로10길 27 비동 211호(구로동, SK허브수)
연락처	☎ 02-2672-3282~3 ✉ kukil3282@naver.com

❹ 대성건영㈜

공사 범위	현장도장, 방수도장, 보수도장
공사 규모	소~대규모
제공 서비스	시공면적 산출, A/S 1년
특징	에폭시 페인트, 에폭시 라이닝, 우레탄 방수 특화
주소	서울시 양천구 신월로 208 신화빌딩 502호
연락처	☎ 02-3151-0166 ✉ dsgo1000@naver.com

❺ 대명도장

공사 범위	현장도장, 방수도장, 보수도장
공사 규모	소~대규모
제공 서비스	시공면적 산출, A/S 1년
특징	시멘트 부위 도장 특화
주소	서울시 관악구 호암로18가길 18
연락처	☎ 010-8299-4319 ✉ yoo9804@naver.com

❻ ㈜백제엔지니어링　🔗 backjaeeng.co.kr

공사 범위	현장도장, 에폭시 바닥도장
공사 규모	대규모
제공 서비스	시공면적 산출, 현장방문 견적, A/S 1년
특징	철골 내화도장, 우레탄 단열도장 특화
주소	서울시 구로구 공원로 26(구로금호아파트 310호)
연락처	☎ 02-891-5570 / 011-267-0371 ✉ prs0119@hanmail.net

❼ 위고건설㈜

공사 범위	현장도장
공사 규모	대규모
제공 서비스	시공면적 산출, A/S 2년
특징	아파트형공장, 벤처타운 신축도장 특화
주소	서울시 관악구 남부순환로 1802(관악캠퍼스타워 405호)
연락처	☎ 02-872-0020 ✉ wego2006@hanmail.net

❽ ㈜전국단열산업　🔗 jeonguk.co.kr

공사 범위	현장도장, 방수도장, 보수도장
공사 규모	소~대규모
제공 서비스	A/S 1~3년
특징	단열 및 내화도장 특화, 제주도, 울릉도 모든 지역 시공 가능
주소	서울시 구로구 구로중앙로32가길 40, 401호(구로동, 삼성팰리스)
연락처	☎ 02-851-4800 ✉ jg2800@hanmail.net

❾ 하은건설㈜

공사 범위	현장도장, 방수도장, 보수도장
공사 규모	대규모
제공 서비스	시공면적 산출, A/S 2~3년, 현장방문 견적
특징	콘크리트 구조물 균열 예방 및 보수공법 특허 보유, 방수도장 특화(관공서 공사)
주소	서울시 송파구 오금로22길 26, 3층
연락처	☎ 02-416-0456 ✉ kj5106@hanmail.net

❿ ㈜한결도건

공사 범위	현장도장
공사 규모	중규모
제공 서비스	시공면적 산출, A/S 1년, 하자보수
특징	단열공사(뿜칠) 가능
주소	서울시 송파구 송파대로24길 5-14
연락처	☎ 02-414-1590 ✉ hg4141590@hanmail.net

도장 공장

❶ 신광분체　🔗 skpd.co.kr

시공 범위	금속도장(분체도장)
시공 규모	개인 발주, 대량 발주
제공 서비스	제품 픽업 배송 가능(지역, 물량 기준), A/S 가능
특징	초대형 크기 도장 가능(최대 20×5×5m)
주소	경기도 화성시 장안면 3.1만세로281번길 57
연락처	☎ 031-353-7233 ✉ skpd7233@daum.net

❷ 우림PNC

공사 범위	금속도장(분체도장)
공사 규모	대량 발주
제공 서비스	픽업 배송 가능
특징	아파트 현관, 방화문 특화
주소	경기도 이천시 백사면 곱다니길 2
연락처	☎ 031-634-4251 ✉ woorim153@naver.com

❸ 장수도장　🔗 jangsu3930.com

시공 범위	금속도장(분체도장), 현장도장
시공 규모	개인 발주, 대량 발주
제공 서비스	제품 픽업 배송 가능(지역, 물량 기준), A/S 1년
주소	경기도 용인시 처인구 남사면 원암로 481-2
연락처	☎ 031-323-3075 ✉ Jangsu3930@naver.com

❹ ㈜제이제이테크　🔗 jjtk.co.kr

시공 범위	금속도장(불소수지, 아크릴, 분체, PVC도장)
시공 규모	개인 발주, 대량 발주
제공 서비스	제품 픽업 배송 가능, A/S 가능
주소	경기도 안산시 단원구 별망로 133(성곡동) 시화공단 5라 505
연락처	☎ 031-499-5946 ✉ jjtech0701@gmail.com

❺ 현도장전문업체　🔗 hyunpainting.zweb.kr

시공 범위	목재도장(우레탄도장)
시공 규모	개인 발주, 대량 발주
제공 서비스	고객맞춤상담, 가구도장 특화
주소	경기도 파주시 독점말2길 41
연락처	☎ 031-942-8601

❻ ㈜흥성

공사 범위	금속도장(분체도장)
공사 규모	대량 발주
제공 서비스	서울, 인천, 시흥 지역 픽업 배송 가능, A/S 1개월
특징	친환경 금속 부품 분체도장 및 금속 가공
주소	경기도 시흥시 공단1대로 28번길 141
연락처	☎ 031-499-6467~8 ✉ ts8733@bill36524.com

제조사가 추천하는 페인트 매장 25

페인트는 통 안에 담긴 상태로 판매되므로 제품을 미리 확인하고 구매하기 어렵다. 실제로 칠하기 전까지는 품질을 확인할 수도 없어 제조사의 시방서와 판매자의 추천 및 설명이 무엇보다 중요하다. 이에 국내 5대 페인트 제조사에서 추천하는 페인트 매장 25곳을 소개한다. 이제 다양한 건축 전문 페인트와 함께 여러 서비스를 제공하는 추천 매장에서 정확하게 상담 받고 원하는 색상과 용도의 제품을 편리하게 구매해보자.

KCC페인트에서 추천하는 매장

❶ 남강도료주식회사
🌐 blog.naver.com/zamoi

취급 페인트	건축용, 방수용, 철재용, 목재용, 인테리어용, 기능성 페인트
취급 서비스	조색, 색상 및 시공법 상담, 제품 및 도장회사 추천
특징	친환경 페인트 다수 구비
주소	부산광역시 사상구 사상로69(주례동)
연락처	☎ 051-324-2200 ✉ Namkang-kcc@hanmail.net

❷ 대영페인트

취급 페인트	건축용, 방수용, 철재용, 목재용, 인테리어용, 공업용, 중방식용, 기능성 페인트
취급 서비스	조색, 색상 및 시공법 상담, 제품 및 도장회사 추천
특징	영등포에 위치한 대형 대리점. 건축용 외에도 공업용, 중방식용 등 다양한 페인트 판매, 부자재도 저렴하게 구매 가능
주소	서울시 영등포구 도림로 285-1, 1층
연락처	☎ 02-835-0225 ✉ mama3994@naver.com

❸ 신화기업
📍 010-4633-6675.inter114.kr/?r=home

취급 페인트	건축용, 방수용, 철재용, 목재용, 인테리어용, 기능성 페인트
취급 서비스	조색, 색상 및 시공법 상담, 제품 및 도장회사 추천
특징	친환경 페인트 다수 구비
주소	대전광역시 서구 도산로 204
연락처	☎ 042-321-7704 ✉ sjs6675@hanmail.net

❹ 케이씨씨페인트 강남플라자

취급 페인트	건축용, 방수용, 철재용, 목재용, 인테리어용, 기능성 페인트
취급 서비스	조색, 색상 및 시공법 상담, 제품 및 도장회사 추천
특징	강남에 위치한 대형 대리점. 다양한 색상 보유. 휴일 구매 및 도매가 구매 가능, 인근 지역 납품 가능.
주소	서울시 강남구 학동로21길 8 1층
연락처	☎ 02-569-7704 ✉ dainkcc@hanmail.net

❺ 페인트킹

취급 페인트	건축용, 방수용, 철재용, 목재용, 인테리어용, 기능성 페인트
취급 서비스	조색, 색상 및 시공법 상담, 제품 및 도장회사 추천, 시공위탁서비스, 도료 및 도장 기술자문
특징	사전예약 통해 휴일 구매 가능, 도장 기기 구비
주소	서울시 구로구 중앙로 12길 13(고척동)
연락처	☎ 02-2688-7704 ✉ kana1982@naver.com

노루페인트에서 추천하는 매장

❶ 데코플러스
🌐 7haja.com

취급 페인트	건축용, 방수용, 철재용, 목재용, 인테리어용, 기능성 페인트
취급 서비스	조색, 색상 및 시공법 상담, 제품 및 도장회사 추천, 온라인 구매
특징	친환경 페인트 다수 구비, 페인트 부자재 판매
주소	경기도 파주시 조리읍 봉일천리 137-1
연락처	☎ 031-946-7704 ✉ ijinijin@hanmail.net

❷ 칼라메이트 논현본점
🌐 colormate.co.kr

취급 페인트	건축용, 방수용, 철재용, 목재용, 인테리어용, 기능성 페인트, 수입 페인트
취급 서비스	조색, 색상 및 시공법 상담, 제품 및 도장회사 추천, DIY 클래스 운영, 시공
주소	서울시 강남구 논현로 658
연락처	☎ 02-3443-2080 ✉ cschoi@colormate.co.kr

❸ 칼라메이트 일산점
🌐 colormate.co.kr

취급 페인트	건축용, 방수용, 철재용, 목재용, 인테리어용, 기능성 페인트, 수입 페인트
취급 서비스	조색, 색상 및 시공법 상담, 제품 및 도장회사 추천, 시공
주소	경기도 고양시 일산동구 산두로 4-10
연락처	☎ 031-932-7204 ✉ jsma@colormate.co.kr

❹ 컬러스튜디오 바이 노루 스타필드 하남점
🌐 www.colormatedesignhouse.com

취급 페인트	건축용, 철재용, 목재용, 인테리어용
취급 서비스	조색, 색상 및 시공법 상담, 제품 및 도장회사 추천, 온라인 구매
특징	친환경 페인트 다수 구비
주소	경기도 하남시 미사대로 750 스타필드 하남 3층 메종 티시아 내
연락처	☎ 031-8072-8992 ✉ ecmoon@noroo.com

❺ 컬러스튜디오 바이 노루 스타필드 센텀시티점
🌐 www.colormatedesignhouse.com

취급 페인트	건축용, 철재용, 목재용, 인테리어용
취급 서비스	조색, 색상 및 시공법 상담, 제품 및 도장회사 추천, 온라인 구매
특징	친환경 페인트 다수 구비
주소	부산광역시 해운대구 센텀남대로 35 3층 더 라이프존
연락처	☎ 051-745-1563 ✉ Sulhee.kim@noroo.com

삼화페인트에서 추천하는 매장

❶ 봉천 경대상사
🌐 www.spi.co.kr

취급 페인트	건축용, 방수용, 철재용, 목재용, 인테리어용
취급 서비스	조색, 색상 및 시공법 상담, 제품 및 도장회사 추천
특징	측색 가능, 프리미엄 친환경 페인트 구비
주소	서울시 관악구 남부순환로 1700
연락처	☎ 02-878-3169

❷ ㈜삼화피앤씨

취급 페인트	건축용, 방수용, 철재용, 목재용, 기능성 페인트
취급 서비스	조색, 시공법 상담, 제품 및 도장회사 추천
주소	경상북도 포항시 북구 새천년대로 528
연락처	☎ 054-273-3508

❸ 월드상사

취급 페인트	건축용, 방수용, 철재용, 목재용, 인테리어용
취급 서비스	조색, 색상 및 시공법 상담, 제품 및 도장회사 추천
특징	프리미엄 친환경 페인트 구비
주소	인천광역시 서구 경명대로 693(공촌동)
연락처	☎ 032-565-5307

❹ 제주 한양 페인트

취급 페인트	건축용, 방수용, 철재용, 목재용, 인테리어용
취급 서비스	조색, 색상 및 시공법 상담, 제품 및 도장회사 추천
특징	측색 가능, 프리미엄 친환경 페인트 구비
주소	제주도 제주시 용문로 118
연락처	☎ 064-711-7474

❺ 페인트 컬러하우스

취급 페인트	건축용, 방수용, 철재용, 목재용, 기능성 페인트
취급 서비스	조색, 제품 및 도장회사 추천
주소	경기도 수원시 권선구 장다리로 74(권선동)
연락처	☎ 031-236-7704

제비스코에서 추천하는 매장

❶ 제비스코 강남상사

취급 페인트	건축용, 방수용, 철재용, 목재용, 인테리어용, 기능성 페인트
취급 서비스	조색, 색상 및 시공법 상담, 제품 및 도장회사 추천
특징	친환경 수성 페인트 다수 구비, 페인트 부자재 판매
주소	대구광역시 남구 두류공원로 83
연락처	☎ 053-554-2347 ✉ 425560@s.jebi.co.kr

❷ 제비스코 삼성상사

✿ sspaint.kti114.net

취급 페인트	건축용, 방수용, 철재용, 목재용, 인테리어용, 기능성 페인트
취급 서비스	조색, 색상 및 시공법 상담, 제품 및 도장회사 추천
특징	친환경 수성 페인트 다수 구비, 페인트 부자재 판매
주소	서울시 송파구 올림픽로 589
연락처	☎ 02-483-7887 ✉ jebipyo@naver.com

❸ 제비스코 영동총판

취급 페인트	건축용, 방수용, 철재용, 목재용, 인테리어용, 기능성 페인트, 수입 페인트
취급 서비스	조색, 색상 및 시공법 상담, 제품 및 도장회사 추천
특징	친환경 수성 페인트 다수 구비
주소	서울시 강남구 강남대로132길 48
연락처	☎ 02-544-7747 ✉ 125250@s.jebi.co.kr

❹ 제비스코 유일페인트

취급 페인트	건축용, 방수용, 철재용, 목재용, 인테리어용, 기능성 페인트
취급 서비스	조색, 색상 및 시공법 상담, 제품 및 도장회사 추천
특징	친환경 수성 페인트 다수 구비, 페인트 부자재 판매
주소	경기도 안양시 동안구 관악대로 404
연락처	☎ 031-425-7787 ✉ 128740@s.jebi.co.kr

❺ 제비스코 칠보페인트

취급 페인트	건축용, 방수용, 철재용, 목재용, 인테리어용, 기능성 페인트
취급 서비스	조색, 색상 및 시공법 상담, 제품 및 도장회사 추천
특징	친환경 수성 페인트 다수 구비, 페인트 부자재 판매
주소	경기도 성남시 중원구 둔촌대로 114
연락처	☎ 031-758-7777 ✉ 28760@s.jebi.co.kr

조광페인트에서 추천하는 매장

❶ 대양

취급 페인트	건축용, 방수용, 철재용, 목재용, 인테리어용, 기능성 페인트
취급 서비스	조색, 색상 및 시공법 상담, 제품 및 도장회사 추천, 시공
특징	친환경페인트 보유, 단종면터 보유하여 건물 및 바닥방수 자체 시공 가능
주소	부산광역시 북구 의성로 74, 1층
연락처	☎ 051-338-7504~5 ✉ dycc7728@naver.com

❷ 망고홈데코

취급 페인트	건축용, 철재용, 인테리어용
취급 서비스	조색, 색상 및 시공법 상담, 제품 및 도장회사 추천, DIY 클래스 운영(월 2회)
특징	1층 카페, 2층 쇼룸과 세미나 공간으로 이루어진 친환경 DIY 전문 매장
	조광 자연N, 베어페인트 다수 구비
주소	광주광역시 광산구 우산로 74
연락처	☎ 070-4209-1932 / 010-7590-8509 ✉ mangohomedeco@naver.com

❸ 아신케미텍

✿ 아신케미텍.kr

취급 페인트	건축용, 방수용, 철재용, 목재용, 인테리어용, 기능성 페인트, 수입 페인트
취급 서비스	조색, 색상 및 시공법 상담, 제품 및 도장회사 추천, DIY 클래스 운영, 시공
특징	300평 규모의 대형 페인트 매장. 제너레이션 아트 페인트 외
	친환경 페인트 다수 구비
주소	부산광역시 강서구 유통단지1로 76 건축자재유통단지 4동 101호
연락처	☎ 051-941-0477~8 ✉ bks2997@daum.net

❹ 유한상사

취급 페인트	건축용, 방수용, 목재용, 인테리어용, 기능성 페인트, 분체도료
취급 서비스	조색, 색상 및 인테리어, 바닥 방수 상담, 제품 추천
특징	약 30년의 페인트 경력을 보유한 분체, 목공 도료 특화 매장.
주소	경기도 광주시 초월읍 무들로 167
연락처	☎ 031-765-1570 ✉ yuhan1570@hanmail.net

❺ ㈜중앙도료

취급 페인트	건축용, 방수용, 철재용, 목재용, 기능성 페인트
취급 서비스	조색(조색기 3대 보유), 색상 및 시공법 상담, 제품 추천
특징	건축용부터 전문 공업용까지 폭넓은 페인트 상담이 가능한 대형 대리점.
주소	대구광역시 북구 노원로23길 42-6
연락처	☎ 053-356-8260 ✉ jap8260@naver.com

참고자료

단행본
―이관용.『가장 인간적인 건축, 레고레타 빛과 색, 물로 짓다』. 다른세상, 2015
―대한건축학회, 대우건설.『건축기술지침 Rev. 2: 건축2. 공간예술사, 2017
―Allen, Edward·Iano, Joseph.『건축시공 및 재료학』. 이한승(역). 서울:시공문화사, 2010
―조준현·조민석,『건축재료학』. 기문당, 2017
―박조순.『도장 이론과 실제』. 일진사, 2012
―정진국.『르 코르뷔지에가 선택한 최초의 색채들』. 공간사, 2001.
―공공건축협회.『알기쉬운 건축공사 7(도장공사)』. 건축시공기술연구회(역). 기문당, 2006
―오타 아야코.『페인트 인테리어』. 황세정(역). 소란, 2013
―Derek Butterfield, and others. Painting and Decorating. 6th ed. Wiley-Blackwell, 2011

논문
―정진국. "색, 건축: 르코르뷔지에".『대한건축학회 논문집』, 1994, 10, pp. 3-12.
―이수진외 3명. "Ricardo Legorreta의 건축공간에 나타난 색채특성 연구".
　『대한건축학회 창립 60주년기념 학술발표대회논문집』, 제25권 제1호 통권 제49집. 2005.
―김연종, 오영근. "리카르도 레고레타의 작품에서의 감성적 특성에 관한 연구".
　『한국실내디자인학회 학술발표대회논문집』제11권 1호 통권19호. 2009.
―윤희진, 이성호. "르 코르뷔지에와 데스틸 이후 프랑스 건축에서의 다색채 적용에 관한 연구".
　『프랑스문화연구』제22집. 2011. pp. 345~373

연속간행물(학술지, 잡지, 신문)
―제이오에이치 편집부,『매거진B No.46: Pantone』. 제이오에이치. 2016

웹사이트
―KCC페인트 www.kccworld.co.kr
―구채옻칠 www.guchae.com
―노루페인트 www.noroopaint.com
―던에드워드페인트 www.jeswood.com
―베어페인트 www.behrpaint.co.kr
―벤자민무어페인트 www.benjaminmoore.co.kr
―삼화페인트 www.samhwa.com
―아키데이터 www.archidata.co.kr
―조광페인트 www.ckpc.co.kr